LA CONQUÊTE D'ALGER

PAR

CAMILLE ROUSSET

DE L'ACADÉMIE FRANÇAISE

PARIS

E. PLON ET Cie, IMPRIMEURS-ÉDITEURS

RUE GARANCIÈRE, 10

—

1879

Tous droits réservés

LA
CONQUÊTE D'ALGER

L'auteur et les éditeurs déclarent réserver leurs droits de traduction et de reproduction à l'étranger.

Ce volume a été déposé au ministère de l'intérieur (section de la librairie) en avril 1879.

PARIS. — TYPOGRAPHIE DE E. PLON ET Cie, RUE GARANCIÈRE, 8.

Pendant le ministère du maréchal Randon, plusieurs officiers d'état-major attachés au Dépôt de la Guerre avaient été chargés de recueillir et de coordonner, en forme de chronique ou d'annales, les documents relatifs à la conquête de l'Algérie. Ce travail considérable m'a été d'un grand secours. En m'épargnant de longues recherches, il m'a fourni les principaux éléments qui sont entrés dans la composition du morceau d'histoire qu'on va lire.

C. R.

LA CONQUÊTE D'ALGER

CHAPITRE PREMIER

L'INSULTE

I. L'odjak. — Les derniers deys. — Hussein. — Turcs. — Arabes. — Kabyles. — II. Griefs de l'Europe contre Alger. — Griefs particuliers de la France. — Créances Bacri. — III. Le consul Deval insulté par le dey. — Demande de réparation.

I

Partout où la conquête n'a été que le triomphe de la force, la conscience humaine a protesté contre le conquérant. Combien de peuples ont disparu qui n'avaient d'autre tort que leur faiblesse, et dont l'histoire, en ses arrêts, n'a jamais voulu dire qu'ils ont justement succombé ! D'autres, en ajoutant des fautes à leur impuissance, ont paru du moins provoquer leur malheur et fait hésiter longtemps la sentence du juge ; on ne saurait décider du premier coup s'ils n'ont pas mérité leur sort. Ce ne sont ni de telles protestations ni de tels problèmes que soulève la conquête dont le récit va suivre. La France, conquérante d'Alger, n'attend pas qu'on la justifie.

Quand elle a détruit, en 1830, non pas une société réglée, mais une association de malfaiteurs, il y avait trois cents ans que cette association se perpétuait, avec la même audace et les mêmes crimes. Entre Baba-Aroudj, mort en 1519, et Hussein-dey, proclamé en 1818, il n'y a pas de distance morale; on peut supprimer trois siècles et tenir le dernier dey pour l'héritier immédiat du premier pirate algérien.

L'histoire a noté des peuples qui n'ont pas eu des commencements plus honorables, et le premier de tous, ce *peuple-roi,* issu d'un ramas de bandits embusqués dans les broussailles du Palatin. Il est vrai; mais, en trois cents ans, les fils de ces bandits étaient devenus les citoyens de Rome; leur valeur faisait oublier déjà l'infamie de leur origine, et le temps avait consacré parmi eux l'autorité d'une grande aristocratie militaire. Le temps n'a rien pu consacrer dans la tourbe algérienne. Les janissaires de Constantinople, qui n'étaient rien moins qu'une aristocratie, tenaient dans le dernier mépris les janissaires d'Alger. Ceux-ci en effet, quoique Turcs d'origine, n'étaient qu'une troupe d'aventuriers, de misérables ou de brigands, incessamment renouvelée par les recrues de même sorte dont les sultans débarrassaient volontiers, sans grand souci de la terre d'Afrique, leurs domaines d'Europe et d'Asie. Une fois débarqués, les nouveaux-venus se fondaient dans l'*odjak;* c'était le nom turc de la milice d'Alger. Par leur audace ou leur intelligence, quelques-uns se tiraient de la foule, et de grade en grade s'élevaient assez pour devenir d'abord les aides et les conseillers du chef, un peu plus tard ses meurtriers, et, après avoir convoité les jouissances du pouvoir, en subir les angoisses et les dangers à leur tour.

Celui qui fut le dernier dey d'Alger, Hussein, fils de Hassan, était un Smyrniote de moins basse condition que la plupart de ses prédécesseurs. Son père, officier dans l'artillerie du Sultan, avait réussi à le faire admettre dans l'école spéciale fondée à Constantinople, au dernier siècle, par le fameux baron de Tott. Le jeune Hussein y fit d'assez bonnes études; il en sortit avec le titre d'*uléma,* ce qui lui valut la réputation d'un lettré à Constantinople, et à Alger, plus tard, d'un savant accompli. Entré dans le corps de l'artillerie, il y eut d'abord un avancement rapide; peut-être s'y fût-il élevé aux premiers grades, si l'emportement de son caractère n'était venu donner un nouveau tour à sa fortune. Menacé, pour une faute contre la discipline, d'une punition sévère, il quitta brusquement le service du Sultan, et trouvant un navire qui portait des recrues à la milice d'Alger, il tenta l'aventure.

Un homme capable de lire et d'écrire ne se rencontrait pas fréquemment à Alger; aussi les fonctions de *khodja* ou d'écrivain étaient-elles d'autant plus considérées qu'il y avait moins de candidats pour y prétendre. Le premier des *khodja*, le *khodja-cavallo*, écrivain ou secrétaire de la cavalerie, venait immédiatement après l'*aga*, général en chef de l'*odjak*, qui lui-même ne cédait qu'au *khaznadj*, ministre des finances. En 1815, Hussein était *khodja-cavallo*, c'est-à-dire, après le dey, le troisième personnage de l'État, et tout à fait en passe de devenir le premier. C'est à ce titre qu'il se trouva fort intéressé dans un de ces complots qui, de temps à autre et sans beaucoup de différence dans les détails, décidaient à Alger de la transmission du pouvoir.

Soixante-dix Turcs, mécontents ou las du dey Hadj-Ali, avaient résolu de le tuer et d'élever à sa place l'aga Omar qui était populaire dans l'odjak. Celui-ci, mis dans le secret, s'efforça de les dissuader, beaucoup moins par affection pour son maître que par considération pour sa propre personne. « Il ne voulait pas, disait-il, d'une place qui rend l'homme prisonnier en quelque sorte, et qui contrariait le penchant qu'il avait pour tenir la campagne en bon cavalier. » Sur son refus, les conjurés décidés à passer outre lui déclarèrent qu'ils choisiraient donc pour dey le khaznadj Mohammed, et pour khaznadj « l'écrivain des chevaux », Hussein-Khodja, « afin, ajoutaient-ils par un scrupule assez singulier dans la circonstance, de se conformer en quelque sorte à l'ancien usage ». Dès que l'aga se vit personnellement hors de cause, non-seulement il n'objecta plus rien contre le meurtre du dey, mais il offrit même d'y prêter son industrie, par amour de la paix publique. En effet, une sanglante exécution sous les yeux de la foule pouvait causer de graves désordres, tandis que, si les conjurés voulaient bien le laisser faire, il se chargeait « de les débarrasser du dey, en quelques jours, d'une manière plus tranquille pour le pays ». Ils y consentirent et lui donnèrent par leur acquiescement la plus grande preuve de confiance, car il n'eût tenu qu'à lui de les faire tous étrangler ou jeter à la mer. Mais il leur tint parole, et lorsqu'il eut gagné successivement le *khaznadj*, le *khodja-cavallo*, le *atchi-bachi* ou chef des cuisines, et le *khaznadar* ou trésorier, la population d'Alger apprit un beau jour que le dey venait de mourir. Ce que les initiés savaient seuls, c'est qu'il avait été poignardé dans le bain par un de ses esclaves noirs.

Son successeur, l'ancien khaznadj Mohammed, était un vieillard infirme et décrépit : tort bien plus grave, il était l'élu d'une minorité ; aussi le plus grand nombre, qui ne cherchait qu'un prétexte, lui fit-il un crime de ses infirmités et de son âge. Au lieu d'un complot, il y eut une sorte de délibération régulière. Le divan, composé des chefs de l'odjak, prononça la condamnation du dey, qui fut étranglé dans la prison, selon les formes, le 7 avril 1815. Il avait régné dix-sept jours. Alors on fit de nouveaux efforts pour vaincre les répugnances de l'aga Omar. Comme cette fois l'accord était unanime, et sur la promesse formelle qu'il irait en campagne quand bon lui semblerait, « étant dey au camp aussi bien qu'à la ville », Omar se laissa fléchir et prit d'une main ferme le pouvoir qu'on le suppliait d'accepter. En échange de quelques avantages de solde, il exigea de la milice une sévère discipline. Il l'obtint d'abord; mais les instincts de désordre s'étant peu à peu réveillés dans cette troupe insolente, il finit comme ses prédécesseurs, étranglé par ses soldats en révolte, le 8 septembre 1817.

Ali-Khodja fut proclamé dey. Hussein, qui avait eu toute la faveur d'Omar, s'était en même temps si bien ménagé auprès d'Ali qu'il devint tout d'un coup son principal ministre et son conseiller le plus intime. Ali, comme Hussein, était un lettré, un politique bien plus qu'un chef de guerre. L'exemple de tant de deys faits et défaits par les mêmes mains, l'exemple surtout d'Omar dont la popularité si éclatante et soutenue pendant de longues années avait si rapidement défailli, lui persuada de n'attendre pas que la ferveur de ses partisans se fût refroidie pour s'armer contre eux de précautions opportunes.

L'habitation qui servait de résidence aux deys, la Djennina, située au milieu de la ville, resserrée, sans défense, paraissait avoir été choisie pour le plus grand succès de l'émeute que tout y conviait et qui avait naturellement pris l'habitude d'y faire de temps en temps visite. Tout autre était la situation de la Kasbah, citadelle menaçante, dominante, enceinte de bons murs et garnie de canons qui plongeaient sur la ville. C'est dans la Kasbah qu'Ali avait résolu de s'enfermer.

Un petit nombre de confidents, choisis parmi les plus attachés à sa fortune, fut seul mis dans le secret. Huit ou dix jours après son avénement, le dey renouvela tout à coup le personnel de l'administration et fit publier un édit qui ordonnait, sous peine de mort, que tous les Turcs fussent à l'avenir rentrés dans leurs casernes avant six heures du soir. La milice étourdie n'était pas encore revenue de sa stupeur qu'une belle nuit le trésor fut transporté à dos de mulet de la Djennina à la Kasbah, et quand le dernier coffre eut été enlevé, le dey sortit à son tour avec sa famille et ses gens, sa garde bien armée autour de lui, musique en tête. Comme personne, à cause de l'édit, ne se hasardait à s'aventurer dans les rues, les Algériens intrigués durent attendre au lendemain pour savoir le motif de cette promenade nocturne. Le jour venu, ils furent tout surpris d'apercevoir au-dessus de leurs têtes, et tout au sommet de la Kasbah, le drapeau rouge qui flottait d'ordinaire sur la Djennina maintenant ouverte et déserte.

A peine entré dans la Kasbah, et la porte refermée sur le dernier homme de son escorte, Ali s'était écrié : « Maintenant je suis dey! » En effet, ce changement de résidence n'était rien moins qu'une révolution. Avides et insolents, les Turcs de l'odjak n'avaient jamais cherché à rendre leur domination populaire; peu leur importait d'être aimés ou soufferts, pourvu qu'ils fussent obéis. Les juifs, rampant devant eux, se laissaient rançonner sans mot dire; les notables d'Alger, les Maures, musulmans et associés de leurs maîtres pour le brigandage maritime, avaient fort à faire de défendre contre eux leur part dans les bénéfices de la piraterie; enfin les fils mêmes des Turcs, nés de leurs relations avec les femmes du pays, les Coulouglis étaient tenus par eux dans une condition subalterne. Longtemps exclus de l'odjak, ils y avaient été enfin admis par nécessité; mais les hauts grades et le droit de siéger au divan leur étaient systématiquement interdits. Ainsi tout ce qui n'était pas Turc était opprimé ou suspect. Ce fut aux opprimés et aux suspects, impatients de venger leur humiliation et leurs souffrances, qu'Ali fit un appel qui ne pouvait manquer d'être entendu. Aveuglément servi par les esclaves noirs et les Maures dont il s'était fait une garde particulière, il fit peser sur les Turcs un cruel despotisme. En quelques mois, dix-huit cents janissaires périrent dans les supplices.

Tout en flattant les sanglantes passions de son maître, l'habile Hussein évitait de s'y associer trop ouvertement; il réussit même à persuader aux chefs de l'odjak décimé que, sans son influence modératrice, le mal eût été pire encore. Combien de temps ces ménagements auraient-ils pu durer sans le compromettre? La peste vint à point le tirer d'une situation difficile. Le 28 février 1818, Ali, atteint par le fléau, mourut. Alger trembla : une lutte horrible n'allait-elle pas s'engager entre les janissaires et la garde noire? Tout à coup des clameurs éclatèrent; c'étaient des cris de joie. Amis et ennemis, Turcs et Maures s'étaient rencontrés pour porter Hussein au pouvoir. Il n'y eut ni assemblée régulière ni recours au divan. Élu par acclamation, Hussein vit à l'instant tous les partis, sans distinction, prosternés à ses pieds. Pour toute réforme, il se contenta de congédier et de remplacer ses anciens collègues au ministère. D'ailleurs, il continua de résider à la Kasbah et conserva même la garde noire d'Ali; mais il eut soin de la réconcilier avec les Turcs, auxquels il ne cessa de témoigner les plus grands égards.

Il y avait longtemps qu'Alger n'avait joui, par comparaison, de tant d'ordre et de sécurité. Quant au reste de la Régence, les émotions de la capitale n'y avaient jamais été bien vivement ressenties, beaucoup moins à coup sûr que les émotions locales invariablement et périodiquement soulevées par la perception de l'impôt.

L'impôt, chez les nations policées, se recouvre paisiblement; dans la Régence d'Alger, sous la domination turque, il devait être militairement exigé; c'était, à proprement parler, une contribution de guerre. Aussi bien l'état de guerre était-il, dans ces contrées, naturel, général, permanent, cher aux peuples, consacré par les traditions et par les mœurs. Tribus de race différente, tribus de même race, Arabes contre Berbères, Berbères ou Arabes entre eux, s'attaquaient et se pillaient à la plus grande joie des Turcs dominateurs. Comment, sans ces divisions incessantes et soigneusement fomentées, quinze mille étrangers, disséminés sur un territoire immense, auraient-ils pu maîtriser trois millions de sujets belliqueux et fiers? Entre adversaires à peu près égaux, ils favorisaient, comme par équité, tantôt l'un, tantôt l'autre; mais quand la force était toute d'un côté, c'était de ce côté-là qu'ils se rangeaient par fatalisme et par système. De là leur façon de répartir et de percevoir l'impôt. Ce n'étaient pas les quelques Turcs prêtés à grand'peine aux beys, leurs vassaux, par les deys d'Alger, ce n'étaient même pas les Coulouglis, plus nombreux, mais répartis çà et là par petits groupes dans les postes fortifiés ou *bordj* de la Régence, qui auraient suffi pour opérer des recouvrements difficiles et dangereux; ils y assistaient sans doute, mais à titre de réserve, pour soutenir et surveiller à la fois les collecteurs auxiliaires qui couraient pour eux les risques et partageaient avec eux les bénéfices de l'aventure. Les tribus, au point de vue de l'impôt, étaient *maghzen* ou *rayas;* les premières, généralement choisies parmi les plus puissantes, ne payaient rien aux Turcs et prenaient au contraire leur part de ce qu'elles leur faisaient payer par les autres.

Trois grands commandements ou beyliks, celui d'Oran à l'ouest, celui de Constantine à l'est, entre les deux, celui de Titteri, partageaient, en dehors d'Alger et de son territoire immédiat, l'étendue de la Régence. Chacun d'eux avait son maghzen et ses rayas; mais il y avait des tribus qui n'étaient ni rayas ni maghzen. Issues des anciens habitants du pays, retranchées dans les plus âpres régions des montagnes, ces tribus, les Kabyles, y maintenaient énergiquement leur indépendance. Plus d'une fois, les beys turcs, irrités et rapaces, essayèrent de forcer et de saccager ces forteresses naturelles; chaque fois leurs colonnes mutilées retombèrent au pied des escarpements ensanglantés par leur chute. Il y fallut renoncer. « Là où le cheval ne peut plus porter son cavalier, disait un proverbe arabe, là s'arrête le beylik. »

Telle était donc la situation des Turcs dans la Régence, obéis dans les villes, redoutés dans les plaines, bravés dans les montagnes, haïs partout, même par les complices de leurs exactions; mais entre eux, leurs complices et leurs victimes, il y avait un lien puissant, la foi religieuse, l'*Islam;* par-dessus toutes les haines locales et passagères, il y avait la haine générale du *Roumi*, de l'étranger chrétien. C'était la force de la domination turque en Algérie, c'était l'appui sur lequel se fondait la piraterie algérienne pour continuer d'insulter l'Europe au dix-neuvième siècle comme au seizième.

II

Après trois cents ans d'une fortune insolente, Alger se croyait au-dessus de tout effort humain. Des flottes puissantes avaient à plusieurs reprises essayé de la détruire ; à peine y avaient-elles fait quelques ruines presque aussitôt relevées. Une seule fois, dans les premiers temps de son existence, Alger avait redouté les chances d'un siège ; mais la fameuse entreprise de Charles-Quint s'était abîmée dans un désastre, et de cette grande menace il ne restait qu'un monument, témoignage du danger couru, signe de triomphe à la fois et gage de sécurité pour l'avenir, *Sultan Kalassi*, le château de l'Empereur, élevé sur le lieu même ou Charles-Quint avait planté sa tente.

Deux siècles et demi plus tard, le premier consul Bonaparte écrivait au dey Mustapha : « Je débarquerai quatre-vingt mille hommes sur vos côtes, et je détruirai votre Régence. » Lancée par le conquérant de l'Égypte, la menace était

saisissante; mais ni en ce temps-là ni plus tard
Bonaparte n'eut assez de loisir pour la mettre à
exécution. Alors comme toujours, ce furent les
dissensions de l'Europe qui sauvèrent Alger. Un
jour vint cependant où, lasse de se déchirer,
l'Europe fit trêve à ses animosités intestines et,
d'un accord unanime en apparence, se tourna
contre les Barbaresques.

En 1815, le congrès de Vienne avait déclaré
qu'il serait mis un terme à l'esclavage des chrétiens enlevés par les corsaires d'Alger, de Tunis
et de Tripoli. Organe et exécutrice des déclarations du congrès, l'Angleterre envoya dans la
Méditerranée, l'année suivante, des forces considérables sous le commandement de lord Exmouth.
Les beys de Tunis et de Tripoli cédèrent; mais,
après quelques pourparlers sans effet, le dey
d'Alger Omar repoussa brutalement toutes les
demandes de l'amiral anglais. Alger subit alors
un de ces bombardements dont Louis XIV avait
donné pour la première fois le bruyant et stérile
exemple; les Anglais, comme le grand roi, n'obtinrent qu'une soumission illusoire. Le seul résultat
sérieux de cette exécution fut que les Algériens
augmentèrent et poussèrent jusqu'à l'excès leurs
armements défensifs du côté de la mer.

Mille captifs avaient été rendus à l'Europe chrétienne en 1816; mais les chefs de la piraterie algérienne avaient si peu renoncé à leur industrie qu'à peine deux ans écoulés, le congrès d'Aix-la-Chapelle eut à la condamner de nouveau, en exigeant, pour atteindre le mal à la racine, l'abolition absolue de la course. Cette fois l'exécution des volontés du congrès fut confiée, non plus à l'Angleterre seule, mais à l'Angleterre et à la France. Lorsque le contre-amiral Jurien de la Gravière et le commodore Freemantle se présentèrent devant Alger, au mois de septembre 1819, c'était le dey Hussein qui tenait le pouvoir. On espérait mieux de lui que de ses prédécesseurs. En effet, les premiers actes de son gouvernement avaient paru s'inspirer d'un certain esprit de conciliation, de ménagement, presque de tolérance religieuse. Une jeune fille chrétienne qu'Ali avait séquestrée et contrainte à embrasser l'islamisme, fut notamment rendue à sa famille et à sa foi par le dey Hussein. Cependant tous les efforts des deux représentants de la France et de l'Angleterre pour obtenir de lui la suppression de la course furent absolument inutiles. Le dey répondit qu'il ne pouvait, sous aucun pretexte, renoncer au droit et à l'usage de visiter tous les navires sans distinction, afin de reconnaître ses amis et ses ennemis et d'arrêter ceux dont les papiers ne se trouveraient pas en règle, c'est-à-dire qui n'auraient pas acquitté le tribut auquel s'étaient soumis, pour n'être plus inquiétés par les corsaires d'Alger, plusieurs des pavillons chrétiens.

Soit que les forces navales envoyées d'Angleterre et de France n'eussent pas été jugées suffisantes pour combattre les défenses agrandies d'Alger, soit que l'exemple de lord Exmouth n'eût pas été considéré comme bon à suivre, le refus du dey Hussein ne donna lieu à aucun acte d'hostilité. On crut à Paris que l'Angleterre prenait volontiers son parti d'un échec dont la France partageait le désagrément avec elle; on la soupçonna même de l'avoir secrètement provoqué, en ce sens que, tandis qu'elle produisait, par l'organe du commodore Freemantle, ses exigences officielles, elle aurait fourni au dey ses réponses par l'entremise du consul général Macdonnell, notoirement et publiquement hostile à la France.

Outre les griefs généraux et communs à toute l'Europe chrétienne, la France avait contre le gouvernement algérien des griefs particuliers. Quand les Turcs étaient venus, au seizième siècle, prendre pied sur la côte barbaresque, ils y avaient trouvé des Français déjà établis et en possession de certains avantages commerciaux. C'étaient des Français qui achetaient aux gens du pays le blé, l'huile, la cire, les cuirs, les laines ; la pêche entière du corail était entre leurs mains. Concentré particulièrement sur le littoral entre Bone et Tunis, le commerce français avait pour entrepôt et pour soutien quelques établissements dont les plus considérables étaient le Bastion de France et le port de la Calle.

Pour être exact, il convient d'ajouter que ces établissements n'avaient jamais été bien fructueux ni bien solides ; le seul nom de *Concessions d'Afrique* suffirait pour montrer à quel point les conditions de leur existence étaient précaires. Imposé par les Turcs, maîtres du pays, ce nom n'était point un vain mot. Les concessions étaient grevées de redevances annuelles dont la plus grande part revenait au dey d'Alger, la moindre au bey de Constantine. Bien des contestations s'élevèrent à propos de ces redevances. En 1790, le dey Baba-Mohammed les avait réglées à 90,000 francs. Mais la Révolution française étant survenue et la guerre maritime à la suite, les établissements français furent cruellement éprouvés. En 1807, ils succombèrent, et les concessions d'Afrique passèrent aux mains des Anglais par un traité qui les leur conférait pour dix ans. Profondément irrité contre l'Angleterre par le bombardement de lord Exmouth, le dey Omar refusa de renouveler, en 1816, les conventions expirantes; il reprit les concessions et les offrit de nouveau à la France, moyennant une redevance de 270,000 francs, à peu près égale à celle qu'avaient payée les Anglais. Enfin, le 17 mars 1817, le chiffre, réglé d'abord à 214,000 francs, mais porté bientôt à 300,000, par suite d'un changement dans la valeur des monnaies, fut accepté provisoirement par le gouvernement français, qui se réservait, après expérience faite, le droit de dénoncer le traité, s'il lui paraissait trop onéreux. Le successeur d'Omar, Ali, beaucoup plus favorable à la France, lui fit une concession inouïe; car il consentit à revenir au chiffre fixé, en 1790, par Baba-Mohammed, c'est-à-dire à réduire de 300,000 francs à 90,000 la redevance. Il est vrai que nos établissements avaient grand'peine à se relever de l'état déplorable où les avaient réduits les Anglais, qui n'y avaient laissé que des ruines.

L'avénement du dey Hussein remit tout en

question. « Je ne me dissimule pas, écrivait au ministre des affaires étrangères de France le consul général du roi à Alger, M. Deval, je ne me dissimule pas toutes les peines que j'aurai à conserver, sous le gouvernement de ce nouveau dey, les faveurs extraordinaires que son prédécesseur nous avait accordées. » En effet, le taux des redevances fut agité de nouveau. Dans une conférence avec le dey, le consul revendiqua d'abord pour la France la propriété de ses établissements; après cette réclamation de principe, il se tint ferme, pour les redevances, au traité de 1790, en ajoutant que s'il était vrai que le taux de 300,000 francs eût été prétendu par Omar, ce taux n'avait pas été maintenu par Ali dont Hussein avait été le principal ministre. Alors eut lieu une scène que la comédie pourrait emprunter à l'histoire. « Voulez-vous, dit le dey, tenir les priviléges des concessions au taux fixé par Baba-Mohammed? — Assurément. — Ainsi donc, nous voilà bien d'accord. Vous prenez les concessions au taux fixé par Omar. — Comment! Omar! Vous avez dit, seigneur, Baba-Mohammed. — Je n'ai pas dit Baba-Mohammed, j'ai dit Baba-Omar. — Je vous assure, seigneur, que vous avez dit Baba-Mohammed, ou j'ai mal entendu. » Le dey fit alors approcher deux jeunes esclaves qui se tenaient au fond de la salle d'audience, et leur demanda s'il n'avait pas dit Baba-Omar. Les esclaves naturellement jurèrent que leur seigneur n'avait jamais parlé d'un autre; sur quoi le dey, revenant au consul, lui dit brusquement : « Puisque vous voulez vous dédire, les Français n'auront pas les concessions... Vous n'aurez pas les concessions; faites-le connaître à votre gouvernement. — Seigneur, reprit M. Deval, le Bastion de France appartient aux Français, ainsi que la pêche du corail. — Le Bastion? s'écria Hussein; allez le prendre, si vous pouvez... oui, si vous pouvez. » Le gouvernement du roi Louis XVIII ne daigna pas relever cette provocation ridicule; les négociations continuèrent, et enfin une convention du 24 juillet 1820 régla le taux des redevances à 220,000 francs, y compris les cadeaux à faire au chef et aux principaux personnages de la Régence.

Outre l'affaire des concessions, il y avait entre la France et Alger d'autres difficultés financières. De 1794 à 1796, deux juifs algériens, Bacri et Busnach, avaient fourni au gouvernement de la République des blés pour une valeur de plus de deux millions. Ils s'étaient même chargés, en

1798, d'approvisionner, dans l'île de Malte, les magasins affectés aux subsistances de l'armée d'Égypte. Mais le sultan ayant déclaré la guerre à la France et entraîné la déclaration du dey d'Alger, son vassal, il en résulta des représailles auxquelles ne purent échapper les Bacri, et par suite, dans le règlement de leurs comptes avec le gouvernement français, des complications inextricables. En 1818, à l'avénement de Hussein, la discussion durait depuis vingt ans, en s'embrouillant tous les jours davantage. Enfin, sur l'avis d'une commission nommée tout exprès pour examiner, contradictoirement avec les représentants des Bacri, les créances algériennes, la dette de la France fut réduite et arrêtée à la somme de sept millions de francs. L'acte de transaction, signé le 28 octobre 1819, fut ratifié par la loi de finances du 24 juillet 1820. Dans cette transaction, un article important, le quatrième, stipulait une réserve expresse en faveur des créanciers français des Bacri, c'est-à-dire que les sommes sur lesquelles il serait formé opposition devaient être versées et retenues à la caisse des dépôts et consignations jusqu'à ce que les tribunaux français eussent prononcé sur la validité des réclamations élevées par les opposants. Une somme de

2,500,000 francs environ fut de la sorte mise en réserve. Ce n'était pas l'affaire du dey Hussein, qui, de gré ou par menace, s'était associé d'abord, puis tout à fait substitué au droit des Bacri. Les règlements de la comptabilité française, nos lois civiles et la jurisprudence de nos tribunaux ne lui parurent que des subtilités offensantes, des chicanes de mauvaise foi, le moyen, en un mot, d'éluder un payement solennellement promis. Il y fut sensible jusqu'à la fureur, et peut-être eût-il, dès ce temps-là, provoqué une rupture, s'il ne s'était de nouveau brouillé avec l'Angleterre.

Le consul Macdonnell si puissant naguère, si écouté, si bien accueilli, lorsqu'il irritait les mauvaises passions du dey contre la France, avait fini par croire qu'il pouvait tout oser et prétendre. Poussé à bout par ses exigences, personnellement blessé de ses façons hautaines et méprisantes, un jour vint où Hussein ne sut plus se contenir; après une scène où l'orgueil du consul Macdonnell eut beaucoup à souffrir, il sortit d'Alger le 31 janvier 1824, en appelant sur le dey les vengeances de sa puissante nation. Le 11 juillet, l'amiral sir Harry Neale dirigea contre les forts et les batteries de la rade une attaque où il n'eut pas l'avantage; un essai de revanche qu'il tenta le lendemain ne fut pas plus heureux: Hussein triompha. « Je ne reconnais qu'un Dieu et une seule religion véritable, dit-il au parlementaire envoyé par l'amiral; je vous jure, sur mon Dieu et sur ma religion, que jamais M. Macdonnell ne mettra le pied dans Alger. » L'amiral anglais n'insista pas, sacrifia le consul, et se tint satisfait d'avoir obtenu le renouvellement des stipulations de 1816 en faveur des prisonniers chrétiens. « Les Algériens se croient aujourd'hui invincibles, écrivait le consul de France à M. de Chateaubriand, alors ministre des affaires étrangères; cette dernière lutte avec les Anglais fera époque à Alger et influera beaucoup sur les déterminations rigoureuses qui dorénavant seront prises ici contre les puissances européennes. » En effet, Hussein reprit vivement l'affaire des créances Bacri. Le 14 septembre 1824, il écrivit au baron de Damas qui avait succédé à M. de Chateaubriand, pour exiger l'envoi immédiat des sommes retenues en France, avec l'intérêt et le remboursement des frais supportés par lui « pendant ce long espace de mois et d'années, disait-il expressément, que cet argent est resté hors de notre jouisssance ». Et il ajoutait : « Tels sont les usages en pareil cas, comme vous le savez parfaitement. Envoyez-nous toutes ces différentes sommes par vos propres mains, car ceci ne regarde que vous, et faites-nous-les parvenir bien entières et bien complètes. » Cette impertinente sommation ne méritait pas de réponse, au moins directe. Dans une dépêche adressée, le 7 janvier 1825, au consul général de France, le ministre réduisit à néant les plaintes et les exigences du dey : de nombreux et difficiles procès étaient engagés entre les Bacri et leurs créanciers; les tribunaux français en étaient régulièrement saisis; il n'y avait en conséquence ni lieu ni moyen de les dessaisir.

III

Des actes, et non plus seulement des paroles, témoignèrent bientôt de la profonde irritation du dey. Au mois de juin 1825, il fit envahir et fouiller la maison du consul de France à Bone, sous prétexte que cet agent était soupçonné de fournir de la poudre et des balles aux Kabyles insurgés dans le voisinage. Peu à peu, les corsaires, qui s'étaient depuis quelques années abstenus par prudence, infestèrent de nouveau la Méditerranée. Dans un temps où Hussein avait encore quelque ménagement pour la France, il avait déclaré, sur les observations de notre consul général, « que le pavillon romain serait reconnu bon par les corsaires algériens ». Ce fut précisément sur un bâtiment romain que, pour mieux marquer son ressentiment, il fit tomber la première agression. Quelque temps après, un navire français, du port de Bastia, était mis au pillage, et un bateau-poste, faisant le service entre Toulon et la Corse, avait à subir la visite d'un corsaire. A la nouvelle de ces violences, le gouvernement français fit armer deux bâtiments de guerre qui se présentèrent, le 28 octobre 1826, devant Alger. Le dey désavoua la conduite de ses corsaires à l'égard du pavillon français, mais, quant au bâtiment romain, il persista à le déclarer de bonne prise et ne consentit qu'à mettre en liberté les gens de l'équipage.

On a vu pourquoi Hussein n'avait pas reçu de réponse directe à l'étrange sommation qu'il avait faite au baron de Damas ; dans son aveugle colère, il se persuada que M. Deval ou retenait ses lettres ou dérobait les réponses. Il imagina d'écrire une seconde fois au ministre, et, sans en rien dire à M. Deval, il confia sa lettre au consul de Naples pour qu'il la fît passer en

France. Dans cette pièce, encore plus hautaine et injurieuse que l'autre, le dey réclamait de nouveau le payement des créances Bacri dont il était le cessionnaire, avec la prétention exorbitante qu'on lui renvoyât à Alger toutes les oppositions, sur la validité desquelles il déciderait lui-même promptement et en dernier ressort. Enfin il exigeait le rappel immédiat de M. Deval qu'il menaçait de chasser honteusement s'il n'était pas fait droit à ses griefs. Le baron de Damas avait résolu d'en finir avec cet excès d'impertinence; il avait préparé une réponse dont le ton ferme et net ne laissait place à aucune équivoque. Après avoir de nouveau repoussé les exigences et les prétentions du dey, c'était lui qui exigeait satisfaction au nom du roi de France. « Sa Majesté, disait-il, compte sur la réparation qui lui est due; si, ce que je ne puis croire, ses espérances étaient déçues, le roi est résolu à ne prendre conseil que de sa dignité offensée et à faire usage, pour obtenir justice, de la puissance que Dieu a mise entre ses mains. » Quand ce projet de réponse fut présenté au conseil, le 7 décembre 1826, le ministre des affaires étrangères n'obtint pas de ses collègues le concours sur lequel il se croyait en droit de compter. Inquiété au dedans par une opposition croissante, préoccupé au dehors des affaires d'Espagne, sur tout des difficultés soulevées en Orient par l'insurrection des Grecs, le cabinet présidé par M. de Villèle répugnait à compliquer ses embarras d'une querelle où le sultan prendrait, sinon parti, tout au moins prétexte pour rompre le fragile accord de l'Angleterre avec la Russie et la France. La dépêche de M. de Damas fut donc trouvée trop rude, trop immédiatement menaçante; mais on ne put lui persuader d'en adoucir ni le sens ni la forme; il aima mieux la supprimer. N'ayant plus de réponse directe à faire, il se borna, pour clore l'incident, à inviter en termes généraux M. Deval à faire en sorte de ramener le dey à une plus juste appréciation de la force et des griefs de la France.

Mal soutenu par ses collègues, le ministre se trouvait mal servi à Alger. Il regrettait qu'en mainte circonstance M. Deval n'eût pas tenu un langage et pris une attitude plus fermes. La mollesse qu'il reprochait au consul général de France était un vice d'origine. Autrefois drogman à Constantinople, M. Deval avait passé toute sa vie avec des Turcs; il connaissait à fond leur caractère, leur mauvaise foi, leurs défauts de toute sorte; mais pour les étudier si bien, il s'était trop rapproché d'eux peut-être, et laissé, par la force du contact et de l'habitude, entraîner à trop de ménagement et de complaisance. La dignité de la France perdait, en passant par lui, quelque chose de son prestige. Le dey Hussein, qui le détestait, ne l'estimait point et le redoutait moins encore. Un jour vint où le mépris du grossier despote s'emporta jusqu'à l'outrage. C'est le récit même de l'outragé, récit incorrect, mais intéressant, qu'on va lire.

« Le privilége, accordé aux consuls de France en cette ville, de complimenter en audience particulière le dey, la veille de la fête du Baïram, écrivait M. Deval au baron de Damas, le 30 avril 1827, me fit demander au château l'heure où Son Altesse voulait me recevoir. Le dey me fit dire qu'il me recevrait à une heure après midi, mais qu'il voulait voir la dernière dépêche de Votre Excellence que la goëlette du roi, destinée à la station de la pêche du corail, m'avait apportée. Je fis répondre aussitôt, par le drogman turc du consulat, que je n'avais reçu aucune lettre de Votre Excellence par cette occasion, et que je n'en avais reçu d'autre que celle de S. Exc. le ministre de la marine qui avait rapport à la pêche. Je ne fus cependant pas peu

surpris de la prétention du dey de connaître par lui-même les dépêches que Votre Excellence me fait l'honneur de m'adresser, et je ne pouvais concevoir quel en était le but. Je me rendis néanmoins au château à l'heure indiquée. Introduit à l'audience, le dey me demanda s'il était vrai que l'Angleterre avait déclaré la guerre à la France. Je lui dis que ce n'était qu'un faux bruit, provenant des troubles suscités en Portugal, dans lesquels le gouvernement du roi n'avait pas voulu s'immiscer, dans sa dignité et sa loyauté. « Ainsi donc, dit le dey, la France accorde à
« l'Angleterre tout ce qu'elle veut, et à moi rien
« du tout ! — Il me semble, seigneur, que le
« gouvernement du roi vous a toujours accordé
« tout ce qu'il a pu. — Pourquoi votre ministre
« n'a-t-il pas répondu à la lettre que je lui ai
« écrite ? — J'ai eu l'honneur de vous en porter
« la réponse aussitôt que je l'ai reçue. — Pour-
« quoi ne m'a-t-il pas répondu directement ?
« Suis-je un manant, un homme de boue, un
« va-nu-pieds ? Mais c'est vous qui êtes la cause
« que je n'ai pas reçu la réponse de votre
« ministre ; c'est vous qui lui avez insinué de ne
« pas m'écrire ! Vous êtes un méchant, un infi-
« dèle, un idolâtre ! » Se levant alors de son

siége, il me porta, avec le manche de son chasse-
mouches, trois coups violents sur le corps et me
dit de me retirer. » M. Deval ne se retira ni ne se
récria même pas; sans paraître fort ému ni
s'écarter du cérémonial, il continua, comme s'il
ne s'était rien passé, la conversation : « Seigneur,
« je prie Votre Altesse d'être bien convaincue
« que je crains Dieu et non les hommes. Je
« puis affirmer à Votre Altesse que j'ai trans-
« mis fidèlement à S. Exc. le ministre du roi
« la lettre de Votre Altesse. Son Excellence a
« répondu par mon entremise, suivant les formes
« usitées. — Au reste, me dit-il, sachez que je
« n'entends nullement qu'il y ait des canons au
« fort de la Calle. Si les Français veulent y rester
« et y faire le commerce et la pêche du corail
« comme des négociants, à la bonne heure;
« autrement qu'ils s'en aillent. Je ne veux pas
« absolument qu'il y ait un seul canon des infi-
« dèles sur le territoire d'Alger. » Je voulus
répliquer, mais il m'ordonna de me retirer. »

Rentré au consulat, et en écrivant ce récit,
M. Deval parut éprouver enfin un sentiment
d'indignation tardive. « Si Votre Excellence,
disait-il, ne veut pas donner à cette affaire la
suite sévère et tout l'éclat qu'elle mérite, elle

voudra bien au moins m'accorder la permission de me retirer par congé. »

Quand cette dépêche fut lue par le baron de Damas devant le conseil, l'outrage y fut vivement ressenti. On décida qu'une réparation éclatante, générale et complète, de tous les griefs de la France serait poursuivie, même par la force, mais qu'avant tout et sans retard il fallait exiger, pour l'affront fait au roi, dans la personne de son représentant, une satisfaction personnelle et solennelle. Sans vouloir préciser le détail ni même le lieu de la cérémonie, qui ne pouvait d'ailleurs avoir pour théâtre que la Kasbah, le consulat de France ou le bord du commandant de la division navale qui allait être envoyée devant Alger, le conseil arrêta seulement qu'au moment où des excuses seraient adressées publiquement à M. Deval, soit par le dey lui-même, soit par un de ses ministres, le pavillon français arboré sur tous les forts d'Alger serait salué par l'artillerie algérienne d'une salve de cent coups de canon.

En même temps qu'il expédiait au consul de France le texte de ces résolutions et l'ordre de cesser toute relation avec le gouvernement du dey, le baron de Damas faisait connaître à tous les envoyés du roi au dehors et à tous les représentants des cours étrangères à Paris les déterminations du gouvernement français.

Le 11 juin 1827, M. Deval reçut les instructions du ministre. Après avoir invité les sujets du roi à quitter la ville et confié d'ailleurs les intérêts français à la protection du comte d'Attili de Latour, consul général de Sardaigne, il se retira lui-même, avec tout le personnel du consulat, à bord de la goëlette *la Torche.* De concert avec lui, le capitaine de vaisseau Collet, commandant de la division navale, dont l'intervention extraordinaire devait, jusqu'à la solution du conflit, remplacer l'action régulière du consul, examina les mesures à prendre pour exécuter les ordres du gouvernement. Entre les formes indiquées, mais non prescrites par le ministre, ils s'arrêtèrent à celle qui avait le plus de chance de succès. En conséquence le capitaine Collet rédigea une note par laquelle il demandait que le *vekil-hadj,* ministre de la marine algérienne, escorté des principaux personnages de la Régence, vînt à son bord présenter au consul de France les excuses personnelles du dey, et que, pendant cette cérémonie, le pavillon français fût arboré sur les forts et salué de cent coups de canon. Si la réparation demandée n'était pas accordée dans les vingt-quatre heures, les hostilités commenceraient aussitôt. A cette note que lui présenta, le 14 juin, le consul général de Sardaigne, Hussein répondit par une lettre insolente et par un formel refus[1]. Le 15 juin, le capitaine Collet déclara la rupture des négociations et l'état de guerre. Le blocus d'Alger commença.

Les Turcs, de leur côté, ne tardèrent pas à faire acte d'hostilité contre la France. Les établissements français à Bone et à la Calle furent saccagés et détruits par ordre du bey de Constantine. Nos nationaux, heureusement prévenus, avaient eu le temps de se réfugier à bord des navires que leur avait envoyés le capitaine Collet.

---

[1] D'après une traduction faite, en ce temps-là, de la réponse du dey, traduction d'une exactitude qu'on pourra trouver trop littérale, il s'étonne d'avoir reçu du commandant de la division française « une lettre pareille, avec des expressions qu'on ne peut remplir la bouche avec, et que toute personne de talent se mettrait à rire de ces expressions »

CHAPITRE II

LE BLOCUS

I. Le blocus jugé bientôt insuffisant. — Mémoire de Boutin. — Rapport du marquis de Clermont-Tonnerre. — II. Essais de conciliation. — Outrage au pavillon parlementaire.

I

La division navale chargée du blocus d'Alger et des autres ports de la Régence se composait de cinq frégates, d'une corvette et de six bâtiments de rang inférieur. Six croiseurs en outre devaient parcourir en tous sens le bassin occidental de la Méditerranée ; d'autres avaient pour mission spéciale d'escorter les navires du commerce sur les deux lignes principales qui reliaient Cadix et l'Archipel à Marseille. Enfin on poussa le soin jusqu'à tenir dans les parages des Açores deux navires chargés d'avertir les bâtiments venant de l'Atlantique à destination de Marseille et de les diriger sur Cadix, afin de rallier les convois qui partaient périodiquement de ce port. Eu égard au petit nombre des très-faibles corsaires algériens qui tenaient encore la mer, ces précautions pouvaient sembler excessives; cependant deux navires du commerce français furent encore pris et pillés.

Le 4 octobre 1827, au point du jour, la flotte du dey, composée de onze navires de guerre, fut aperçue sortant du port d'Alger et longeant la côte dans la direction de l'ouest. Le commandant Collet, qui n'avait que cinq bâtiments sous la main, manœuvra pour empêcher l'ennemi de prendre le large. Le feu s'engagea vers midi; après deux heures d'un combat auquel prirent part les batteries de côte, les Algériens renoncèrent à forcer le passage et rentrèrent dans le port. Cette affaire, bien menée par le capitaine Collet et qui lui valu le grade de contre-amiral, ne satisfit cependant pas le public impatient et mal informé; il s'étonnait que la flotte algérienne n'eût pas été prise ou détruite. Sans donner dans ces excès d'opinion, les gens éclairés commençaient à douter de l'efficacité des moyens employés jusqu'alors. Les bombardements, les attaques de vive force du seul côté de la mer n'avaient que de rares partisans; le blocus, qui en avait eu beaucoup d'abord, les perdait peu à peu tous les jours. L'idée germait d'un débarquement, d'une grande expédition militaire.

« Je pense, avait écrit M. Deval en 1819, qu'il convient d'extirper le mal dans sa racine par un siége du côté de terre. » A l'appui de son opinion et contre ceux qui exagéraient les difficultés de l'entreprise, il invoquait alors certains travaux de reconnaissance exécutés sous l'Empire par un officier du génie, le commandant Boutin. Il s'en autorisa de nouveau dans un mémoire adressé par lui, le 1er juillet 1827, au ministre des affaires étrangères.

En 1808 comme en 1802, Napoléon avait été fortement tenté de refaire contre Alger l'expédition d'Éygpte ; c'était pour aviser aux moyens d'exécution que le commandant Boutin avait reçu du duc Decrès, ministre de la marine, l'ordre d'aller faire une reconnaissance générale de la ville d'Alger, de ses défenses et de ses environs. Boutin, transporté par un brick de guerre, était arrivé à Alger, le 24 mai 1808. A force d'esprit et de fermeté, de courage et de finesse, malgré les obstacles de tout genre qu'il rencontra, l'officier français réussit au delà de ce que les plus audacieux auraient cru possible. « J'ai parcouru, écrivait-il au ministre de la marine, ces parties de la ville où les chapeaux ne paraissent pas, et tout autour d'Alger j'ai dépassé de trois à quatre lieues les limites assignées aux Européens. » Riche de dessins, de croquis et de notes de toute espèce, il s'embarqua pour Toulon, le 17 juillet; mais, le 28, le brick qui le ramenait fut attaqué, à la hauteur de la Spezzia, par une frégate anglaise. Boutin n'eut que le temps de jeter à la mer ses dessins et ses papiers les plus importants. Fait prisonnier et conduit à Malte, il s'en échappa un mois après, déguisé en matelot, prit passage pour Constantinople et revint par terre en France. Telles étaient la netteté de ses souvenirs et la justesse de son esprit que, grâce aux croquis et aux notes qu'il avait pu sauver, il réussit à refaire treize grands dessins et à rédiger un mémoire dont tout le prix n'a été vraiment connu qu'en 1830 [1]. Dès 1827, cependant, le marquis de Clermont-Tonnerre, ministre de la guerre, en avait apprécié le mérite et la valeur. Les renseignements précis que s'empressèrent de

---

[1] *Le mémoire original a pour titre : Reconnaissance générale des villes, forts et batteries d'Alger, des environs, etc., faite en conséquence des ordres et instructions de S. E. Mgr Decrès, ministre de la marine et des colonies, en date des 1er et 2 mars 1808, pour servir au projet de descente et d'établissement définitif dans ce pays.*

lui fournir, sur sa demande, le commandant Collet et le capitaine de frégate Dupetit-Thouars achevèrent d'éclairer le ministre.

Convaincu que la question algérienne ne pouvait se résoudre que par une grande expédition militaire, M. de Clermont-Tonnerre prit à tâche de faire passer dans l'esprit du roi Charles X et de ses collègues la conviction qui s'était emparée du sien. Le 14 octobre 1827, il présenta au conseil un éloquent rapport où toutes les conditions du problème étaient discutées et résolues. « La Providence, y disait-il en s'adressant au roi, la Providence a permis que Votre Majesté fût brutalement provoquée, dans la personne de son consul, par le plus déloyal des ennemis du nom chrétien. Ce n'est peut-être pas, Sire, sans des vues particulières qu'elle appelle ainsi le fils de saint Louis à venger à la fois la religion, l'humanité et ses propres injures. » L'occasion, d'ailleurs, n'était-elle pas bonne pour organiser une armée, en vue « d'une conflagration qui pouvait s'enflammer tout d'un coup d'un bout de l'Europe à l'autre » ? Enfin, préoccupé de l'agitation des esprits à l'intérieur contre les idées représentées par le cabinet dont il était membre, le ministre se croyait fondé à dire qu'une expédition « agirait sur l'esprit turbulent et léger de notre nation, rappellerait à la France que la gloire militaire survivait à la révolution, et ferait une utile diversion à la fermentation politique de l'intérieur ». Après ces considérations générales, M. de Clermont-Tonnerre abordait la question même d'une expédition en Afrique.

Cette expédition aurait pour but ou la seule destruction d'Alger ou l'occupation permanente de la Régence. S'il ne s'agissait que de détruire Alger, une telle œuvre serait déjà glorieuse et utile. La renommée d'un succès vainement tenté par Charles-Quint, la reconnaissance de l'Europe chrétienne, « l'avantage d'avoir une nouvelle armée qui aura fait la guerre, et la guerre contre les Turcs, dans un climat qui a quelque analogie avec les climats de l'Orient, tous ces résultats, fussent-ils enfin les seuls, disait le ministre, vaudront plus pour le pays et lui donneront plus de puissance que ne pourrait en produire l'économie de cinquante millions de dépense extraordinaire qu'il faudra consacrer à cette expédition ». N'aura-t-on pas, d'ailleurs, les trésors accumulés dans le château du dey? Si, dans l'autre hypothèse, le roi, devenu maître d'Alger, veut y fonder la domination française, n'est-ce pas le droit du vainqueur? Quel autre droit l'Europe y pourra-t-elle opposer? « Personne pense-t-il à demander compte à la Russie des conquêtes qu'elle a pu faire sur la Perse, ou des provinces qu'elle ajoute à son immense empire, en vertu du droit de la guerre, toutes les fois qu'elle remporte une victoire sur quelque puissance d'Asie? Enfin la Russie ou la France demandent-elles compte à l'Angleterre de ce qu'elle acquiert chaque jour dans l'Inde, aux dépens de l'empire des Birmans? Non sans doute. Je prétends donc qu'il n'est pas de puissance au monde qui ait le droit de dicter au roi de France l'usage qu'il devra faire de sa victoire sur le dey d'Alger, si la Providence la lui accorde. » Il est vrai qu'un traité vient d'être signé à Londres entre la France, l'Angleterre et la Russie [1], et que l'article 5 de ce traité interdit aux puissances contractantes de chercher dans les arrangements à établir entre la Turquie et les Grecs « aucune augmentation du territoire ». Mais, selon la remarque du ministre, la Régence d'Alger est seulement une dépendance nominale, et non pas une partie intégrante de l'Empire

---

[1] Traité pour la pacification de la Grèce, conclu entre la Grande-Bretagne, la France et la Russie, et signé à Londres, le 6 juillet 1827.

ottoman. Nos traités avec la Porte ont toujours reconnu à la France le droit de faire la guerre à la Régence d'Alger sans que la Porte puisse se regarder comme provoquée ni obligée de prendre part au conflit.

La guerre contre Alger reconnue juste et la conquête qui peut suivre légitime, M. de Clermont-Tonnerre établit que c'est uniquement par une expédition militaire qu'on y peut réussir. La marine seule est hors d'état d'y atteindre. Il faut débarquer auprès d'Alger une armée de terre. Les abords immédiats sont défendus par un grand nombre de batteries; mais du côté de l'ouest et à peu de distance du cap Caxine, la presqu'île de Torre-Chica ou de Sidi-Ferruch offre à l'est et à l'ouest deux plages, toutes deux propres à un grand débarquement, d'un abord facile, avec des fonds de mer si favorablement disposés que les grands bâtiments peuvent s'embosser à peu de distance de la côte, et les embarcations cependant porter les soldats assez près du rivage pour qu'ils puissent atterrir sans mouiller leurs munitions ni leurs armes. Facile à retrancher, la presqu'île formerait une place de dépôt et une excellente base d'opération pour le corps qui marcherait de là sur Alger. Six semaines après le débarquement, le siége pourrait être achevé. Mais, pour l'entreprendre avec espoir de succès, il est essentiel que l'expédition se fasse entre les mois d'avril et de juin; sinon, il faudra différer d'une année « une tentative pour laquelle rien, au delà des chances ordinaires de la guerre, ne doit être donné au hasard ». En temps ordinaire, le ministre n'hésiterait pas à désigner Toulon comme point de départ; mais, par suite de l'occupation d'Espagne, c'est une bonne fortune d'y avoir des troupes aguerries et acclimatées qu'il serait facile de réunir à Carthagène ou à Mahon. Trente-trois mille hommes avec un parc de siége de cent cinquante bouches à feu, et, pour la dépense extraordinaire, cinquante millions, doivent suffire.

Enfin le ministre se résume et conclut ainsi : « Une expédition par terre est indispensable; le point de débarquement est connu, la marche de l'opération est simple, la dépense est modérée; le succès peut être considéré comme certain, si la tentative a lieu dans la saison favorable; mais il n'y a pas un moment à perdre, ou bien il faut renoncer à tout projet pour l'année 1828. Les circonstances extérieures paraissent déterminantes. L'Europe est en paix : il est probable que cet état se maintiendra en 1828; mais peut-on espérer qu'il subsistera plus longtemps? Il est d'une sage politique de profiter d'un moment, le dernier peut-être, pour faire une opération qui peut devenir impossible plus tard, et à laquelle cependant nous ne pouvons renoncer sans rester indéfiniment exposés à subir de nouvelles insultes. Aucune puissance n'est entrée dans cette querelle qui cependant est engagée contre l'ennemi de tous les États chrétiens. L'Europe doit donc applaudir à cette détermination généreuse; mais si quelque gouvernement jaloux osait vouloir y mettre obstacle, l'armée même qui aurait été destinée à châtier Alger pourrait être employée à le punir de sa déloyauté. Les circonstances intérieures militent en faveur de l'expédition; l'opinion publique l'appelle, et si le gouvernement ne l'entreprend pas, il faudra qu'il rende compte des motifs qui l'auront déterminé à rester dans une situation dont l'orgueil du pays s'indigne et qui ne froisse pas moins les intérêts commerciaux que la dignité nationale. Si au contraire un résultat glorieux vient couronner cette entreprise, ce ne sera pas pour le roi un léger avantage que de clore la session et de demander ensuite des députés à la France, les clefs d'Alger à la main. »

Cette éloquente et chaleureuse adjuration laissa le conseil insensible ; le ministre de la guerre y fut à peu près seul de son avis. Cependant les idées qu'il avait exprimées dans un noble langage étaient si justes qu'après des essais différents on fut, deux ans plus tard, forcé d'y revenir. S'il ne fut pas donné à M. de Clermont-Tonnerre de diriger l'exécution de ses projets, il eut au moins la satisfaction d'en voir le triomphe. Mais le succès militaire répondit seul à ses espérances ; le succès politique trompa les vœux de ce loyal serviteur du roi Charles X. En 1830, la prise d'Alger vint trop tard; serait-elle venue assez tôt en 1828 ? Ce fut surtout par des considérations de politique intérieure que M. de Villèle combattit et fit échouer le projet du ministre de la guerre. Il avait résolu de faire immédiatement aux électeurs un appel que M. de Clermont-Tonnerre aurait voulu retarder au contraire. Préparer à la fois des élections générales et une grande expédition c'était trop d'affaires en même temps. Le projet de M. de Clermont-Tonnerre fut donc écarté, la Chambre fut dissoute, les élections se firent, une opposition plus hostile en sortit, et M. de Villèle tomba.

II

Le 4 janvier 1828, un nouveau cabinet fut constitué sous la présidence de M. de Martignac. Le comte de la Ferronnays, ministre des affaires étrangères, se saisit aussitôt de la question algérienne ; quinze jours après, il était déjà en état de mettre sous les yeux du roi un rapport et des projets nouveaux. D'accord sur les prémisses avec M. de Clermont-Tonnerre, il différait complétement d'avec lui par les conclusions. Où M. de Clermont-Tonnerre demandait une action rapide et libre de la France toute seule, M. de la Ferronnays proposait des atermoiements et l'action combinée de l'Angleterre, de la Russie et de la France. Au lendemain du congrès d'Aix-la-Chapelle, ce projet eût été bon peut-être ; en 1828, il était de plus de dix ans en retard. Représentant d'une politique de transaction et de moyen terme, le ministère redoutait au dehors comme au dedans les coups d'éclat et les partis extrêmes. Assurément le ministre des affaires étrangères était aussi jaloux que personne de la dignité de la France, mais il voyait, sur cette question d'Alger, l'opinion publique encore hésitante et froide, tandis qu'elle avait pris feu pour la Grèce, et il craignait, par une action isolée et hâtive, non-seulement de rompre l'accord des puissances alliées contre les Turcs, mais encore de provoquer l'opposition armée de l'Angleterre. Ce fantôme, qui n'étonnait pas la fermeté de M. de Clermont-Tonnerre, préoccupait sérieusement M. de la Ferronnays. « Quelque soin, disait-il, que le gouvernement du roi mît à persuader qu'en envoyant une armée contre Alger il n'entend agir dans aucune vue d'ambition ou de conquête, on peut douter qu'il réussît à dissiper toutes les méfiances vraies ou simulées, à prévenir tous les prétextes d'opposition étrangère. On pourrait craindre que l'Angleterre ne se hâtât d'intervenir pour arrêter, par des voies détournées, l'exécution de ce projet, ou même qu'elle ne s'y opposât ouvertement. En pareil cas, la France pourrait-elle mettre le désir de châtier le dey en balance avec le danger d'une rupture entre elle et l'Angleterre? »

Par une tendance bien naturelle, les ministres de 1828 inclinaient à penser que leurs prédécesseurs avaient mal engagé la question algérienne

et trop exigé d'un adversaire ignorant et faible.
« On ne peut, disait M. de la Ferronnays devant la Chambre des pairs, le 15 février 1828, on ne peut confondre dans les mêmes règles de diplomatie les relations des États européens entre eux et celles qu'ils sont contraints d'entretenir avec les États barbaresques. Il faut sortir des règles ordinaires pour apprécier les rapports de ce genre, et le gouvernement du roi a besoin de pardonner à ces barbares un premier tort, celui de ne pas comprendre la gloire de la France. La satisfaction que le roi exige et qu'il n'exigera pas en vain, le roi la proportionne au pays qui la donne plutôt qu'à la puissance qui l'exige. L'Archipel, ajoutait l'orateur en faisant allusion à la récente bataille de Navarin, l'Archipel vous est témoin que le pavillon de la France a désormais besoin d'être indulgent. »

C'est avec cet esprit de modération et de douceur dans la force qu'au mois d'avril 1828 l'ordre fut donné au contre-amiral Collet d'envoyer à Alger un parlementaire pour traiter de l'échange des prisonniers et pressentir en même temps les dispositions du dey vers un accommodement. Le lieutenant de vaisseau Bézard, chargé de cette mission, eut en effet avec

Hussein une conversation dans laquelle le dey reprit à son point de vue les causes et l'origine du conflit, sa haine contre M. Deval, ses pressantes et inutiles demandes pour qu'il fût remplacé, ses soupçons et plus que des soupçons, sa conviction que M. Deval supprimait ses lettres et les réponses qu'il attendait de France. Enfin, dans une dernière audience, Hussein ayant renouvelé les plaintes, M. Deval, suivant lui, aurait répliqué avec arrogance : « Mais comptez-vous franchement sur une réponse de mon gouvernement? Il ne vous écrira pas, c'est inutile. » Sur quoi le dey, légitimement ému, se serait écrié à son tour : « Eh bien! puisque votre gouvernement pense que je ne mérite pas une réponse de lui, sortez de chez moi!... » Et en faisant du bras le geste qui montrait la porte, il aurait touché le consul avec l'éventail qu'il tenait à la main. « Il m'a fait voir le geste, ajoutait M. Bézard, et il dut rencontrer le côté de M. Deval. » Au sortir de cette conférence, l'officier parlementaire traduisait ainsi l'impression qu'il en avait reçue : « Vous parlant comme j'ai senti, je ne pense pas qu'il se soumette jamais à la moindre réparation. Il m'a paru pénétré de ses raisons, et ne peut pas s'imaginer un instant qu'on puisse lui demander des réparations pour des torts qu'il n'avoue pas. »

En dépit de cette conclusion si peu encourageante, M. de la Ferronnays proposa au roi, le 20 mai, de renvoyer M. Bézard auprès du dey, afin d'entamer, s'il était possible, un commencement de négociation. Sur le rapport même du ministre, le roi écrivit de sa propre main cette note : « Approuvé l'envoi du lieutenant Bézard à Alger avec des instructions conciliantes, mais en même temps fermes et convenables. » Le négociateur était autorisé à faire entendre au dey que s'il voulait envoyer en France un de ses officiers pour donner des éclaircissements, il trouverait le gouvernement français prêt à y répondre. La seconde mission de M. Bézard ne rapporta rien de plus que la première. Hussein s'entêta à soutenir qu'il n'avait commis aucune insulte envers le consul de France, et qu'on n'était nullement fondé à lui demander réparation d'un tort qu'il n'avait pas eu. Cet entêtement n'avait d'égal que la persévérance de M. de la Ferronnays. Le 31 juillet, par l'entremise du capitaine de vaisseau de la Bretonnière, qui avait remplacé le contre-amiral Collet épuisé et mourant, il adressa au comte d'Attili de Latour, consul général de Sardaigne, et protecteur officieux des intérêts français à Alger, une dépêche par laquelle il invitait ce diplomate à presser le dey d'envoyer en France un officier de marque chargé de déclarer en son nom que, dans sa dernière entrevue avec le consul général du roi, « il n'avait réellement pas eu l'intention de le maltraiter, encore moins de faire insulte au roi lui-même » ; autrement, « le dey, en s'exposant aux plus graves conséquences, ne devrait s'en prendre qu'à lui des calamités inévitables qui fondraient sur la Régence ». A cette communication, Hussein répondit qu'il n'enverrait personne en France avant que la paix eût été signée à Alger même et saluée de part et d'autre de vingt et un coups de canon. Puis il ajouta qu'il entendait bien qu'on lui remboursât ses frais de guerre.

Si cette dernière et incroyable prétention n'était pas une raillerie, elle démontrait la profonde et grossière ignorance où le despotisme et l'orgueil avaient réduit ce souverain de parade. Le ministre n'en fut que plus pressé de lui donner les lumières qui lui faisaient complétement faute. M. Bézard pour la troisième fois, et le comte d'Attili pour la seconde, retournèrent donc à la charge. Ils avaient pour mission de proposer un armistice et la levée du blocus, si le dey consen-

tait d'abord à envoyer un officier de marque à
Paris. Hussein, qui à deux reprises avait accueilli
sans difficulté le lieutenant Bézard, s'imagina tout
à coup que c'était une offense à sa dignité de
traiter avec un simple officier de vaisseau. Il ne
voulut d'abord voir ni M. Bézard ni le comte
d'Attili, et les renvoya à son ministre de la marine;
puis, s'étant ravisé, il les reçut, mais pour leur
affirmer de nouveau qu'il n'enverrait personne à
Paris avant la paix faite et les vingt et un coups
de canon tirés; « que si nous ne consentions pas
à cette condition, — c'est M. Bézard qui parle,
— je pouvais me rembarquer, qu'il était prêt à
recevoir la guerre comme nous la voudrions, à
mort s'il le fallait, et qu'il entretenait des troupes
pour la faire au besoin ». Cependant, peu de jours
après, M. de la Bretonnière apprit et se hâta de
faire savoir à M. de la Ferronnays que le dey ne
serait pas éloigné d'envoyer un officier de marque
à Paris, si l'aga, son gendre, obtenait l'agrément
d'acheter « le gros brick à poupe ronde, très-
voilier et de vingt-quatre pièces, faisant partie
de la division royale ». Le navire si judicieuse-
ment, mais si naïvement convoité par l'aga, con-
naisseur en fait de constructions navales, était le
brick *l'Alerte*, la terreur des corsaires algériens.

Quelque étrange et l'on pourrait dire absurde que fût cette ouverture, M. de la Ferronnays ne laissa pas de s'en emparer, et tout en répondant à M. de la Bretonnière que le trafic d'un bâtiment de la marine royale entre la France et le gendre du dey serait une ridicule inconvenance, il invita le commandant de la division française à saisir pour la dernière fois l'occasion d'engager le dey à déclarer officiellement qu'il n'avait jamais eu l'intention d'insulter le représentant du roi.

Dans les premiers jours de l'année 1829, le comte d'Attili se chargea de porter au dey les paroles conciliantes du gouvernement français. Hussein lui répondit par un nouveau refus, en ajoutant que si les Français essayaient de débarquer sur son territoire, il ne tirerait pas le premier coup de canon, mais qu'il serait prêt à les bien recevoir. En informant M. de la Bretonnière du résultat de sa démarche, M. d'Attili recherchait et indiquait les causes de l'obstination du dey. « Quelques-uns des consuls que je n'ose pas nommer, disait-il, abandonnés à leurs passions, et par un raffinement d'intrigue, osèrent persuader au dey qu'il fallait repousser tous les moyens d'accommodement, en l'assurant que la France céderait, parce qu'elle n'était nullement dans l'intention de lui faire la guerre. » Tenu à moins de réserve, M. de la Bretonnière n'hésitait pas à nommer le chef de cette cabale qui était le consul d'Angleterre.

Ce n'était plus M. de la Ferronnays qui dirigeait la politique extérieure de la France. Dès le 11 janvier 1829, la maladie l'avait écarté des affaires ; après avoir essayé d'un congé, il se retira tout à fait, le 24 avril. Confié d'abord au duc de Montmorency-Laval, le portefeuille des affaires étrangères fut définitivement remis par le roi, le 14 mai, au comte Portalis, qui l'avait tenu déjà par intérim pendant le congé accordé à M. de la Ferronnays. Sans s'écarter de la ligne suivie par son prédécesseur, M. Portalis demanda au roi l'autorisation de faire faire auprès du dey une dernière et solennelle démarche, non plus par un agent étranger ou par un officier de grade inférieur, mais par le commandant même de la division navale. Le roi y consentit, et M. de la Bretonnière, promu au grade de contre-amiral, fut accrédité comme négociateur.

L'avancement qu'il recevait n'avait pas seulement pour objet de l'autoriser dans sa mission ; c'était la juste récompense des services qu'il avait rendus à la tête de la division navale, et, à un point de vue plus général et plus élevé, la preuve que le dévouement de la marine française employée au blocus n'était pas méconnu. C'était en effet une tâche monotone, ingrate et pénible, que cette veille perpétuelle, à peu près sans action et sans gloire. A peine, depuis le combat du 4 octobre 1827, y avait-il eu quelques faits à signaler. L'année précédente, dans la nuit du 21 au 22 mai 1828, quatre embarcations des navires attachés au blocus d'Oran avaient enlevé et ramené un navire du commerce français pris par les Algériens et qu'ils tenaient mouillé sous le fort même de Mers-el-Kebir. Quatre mois après, le 1ᵉʳ octobre, quatre corsaires avaient été chassés dans la baie de Torre-Chica et détruits, malgré le feu violent des batteries de gros calibre au pied desquelles ils étaient venus tout exprès s'échouer.

Malheureusement la mer, dangereuse en ces parages et plus redoutable que l'ennemi, lui fournissait quelquefois des avantages contre nous. Le 17 juin 1829, une felouque avait été signalée, sortant d'Alger et courant à l'est toutes voiles dehors; les deux frégates *Iphigénie* et *Duchesse de Berry* lui donnèrent aussitôt la chasse. Le corsaire s'étant jeté à la côte, trois embarcations de chacune des deux frégates furent envoyées pour le détruire. Le rivage était couvert de gens armés; derrière eux on voyait des cavaliers s'agiter et de nouveaux groupes accourir. Quand les embarcations furent à courte portée, elles ouvrirent, malgré la houle, un feu nourri et sûr qui eut bientôt balayé la plage; mais tandis que nos marins incendiaient la felouque, l'un des canots de l'*Iphigénie,* enlevé par une lame énorme, s'échoua profondément dans le sable. A cette vue, les trois embarcations de la *Duchesse de Berry* se portèrent vivement à terre afin d'assister l'équipage en péril. De toutes parts les Arabes avaient reparu; ils s'enfuirent de nouveau après une lutte violente et sanglante. En ce moment la force des lames était telle qu'une seule des quatre embarcations put être renflouée; il fallut abandonner les trois autres; mais avant qu'il eût été possible de pousser au large, les assaillants étaient revenus pour la troisième fois. L'unique embarcation déjà trop chargée ne pouvait contenir tout le monde. Il y eut dans cette crise des actes sublimes. Vingt-cinq officiers et marins se dévouèrent pour le salut de leurs camarades; vingt-quatre périrent; leurs têtes héroïques furent portées le lendemain à la Kasbah. Quand le consul de Sardaigne demanda au dey la permission de faire donner la sépulture aux corps décapités, Hussein lui répondit que ses gens y courraient trop de risque, parce que les tribus avec lesquelles les Français avaient été aux prises étaient les plus féroces non-seulement de la côte, mais de toute la Régence. Il ne fit d'ailleurs pas difficulté de rendre aux consuls les vingt-quatre têtes qu'il avait payées cent piastres chacune; il en avait donné deux cents pour le seul prisonnier qui eût échappé à la mort.

Quelques semaines après ce triste incident, le vaisseau *la Provence*, portant le pavillon du contre-amiral de la Bretonnière, se présentait devant Alger. Par l'entremise du consul général de Sardaigne, une audience fut demandée au dey, qui, après quelques pourparlers, consentit à recevoir à la Kasbah l'amiral négociateur. Le 31 juillet, M. de la Bretonnière, accompagné d'un capitaine de frégate, d'un secrétaire et d'un interprète, débarqua dans le port d'Alger; une foule tumultueuse, à grand'peine contenue par le bâton des janissaires, grondait autour du cortége. En se rendant d'abord à la résidence du ministre de la marine, où le comte d'Attili devait le rejoindre, l'amiral trouva rangés sur son passage, comme les trophées d'une prétendue victoire, les trois canots que la mer avait enlevés à nos marins, le 17 juin. Arrivé à la Kasbah, il refusa de subir l'humiliante exigence que l'étiquette algérienne imposait aux étrangers; il garda son épée. Sa conférence avec le dey dura deux heures; les conditions préliminaires qu'il était chargé de présenter et de soutenir au nom du roi n'avaient été ni augmentées ni diminuées : c'étaient l'envoi d'un personnage considérable de la Régence à Paris et la conclusion d'un armistice. Hussein remit au surlendemain sa réponse. Le 2 août, l'amiral se rendit de nouveau à la Kasbah. Malgré tous ses efforts, le dey refusa péremptoirement toute satisfaction en disant « qu'un prince doit toujours soutenir ce qu'il a prononcé »; puis il termina l'audience par ces mots : « J'ai de la poudre et des canons, et puisqu'il n'y a pas moyen de s'entendre, vous êtes libre de vous retirer. Vous êtes venu sous la foi d'un sauf-conduit; je vous permets de sortir sous la même garantie. » En retournant à son bord, M. de la Bretonnière promit au consul général de Sardaigne de différer jusqu'au lendemain à midi son départ.

Le 3 août, à midi, le brick *l'Alerte,* qui avait

accompagné la *Provence,* appareilla le premier pour sortir de la rade. Une heure après, la *Provence* leva l'ancre à son tour. A ce moment, le port, le môle, le rivage, toutes les terrasses des maisons étagées depuis le port jusqu'à la Kasbah étaient couverts de spectateurs. La brise était faible. Le vaisseau, sous pavillon parlementaire, s'avançait lentement. Tout à coup une détonation retentit dans la batterie du fanal; puis une seconde et une troisième. Au signal du canon la foule répondit par des clameurs; les batteries qui paraissaient désertes s'animèrent; pendant une demi-heure, les bombes et les boulets tombèrent autour du vaisseau amiral. Cependant il marchait, calme et dédaigneux, sans répondre à l'outrage; quand il fut hors d'atteinte, il amena seulement alors le pavillon parlementaire qu'il avait, lui seul, respecté jusqu'à la fin; et pourtant onze boulets avaient frappé le majestueux navire. Malgré l'aveuglement de son orgueil, Hussein ne tarda pas à reconnaître la grandeur de l'attentat qu'il venait de commettre. Le 6 août, il fit indirectement savoir à M. de la Bretonnière que le ministre de la marine, le commandant des canonniers et tous les chefs de batterie avaient été destitués et chassés, pour avoir agi sans ses ordres.

Le désaveu n'obtint pas plus de réponse que l'agression.

Quand ces graves nouvelles arrivèrent à Paris, elles se perdirent d'abord dans l'émotion causée par la chute du ministère Martignac; la politique de transaction avait échoué. Le prince de Polignac et ses amis venaient d'être appelés par la confiance du roi Charles X au pouvoir.

CHAPITRE III

LES ARMEMENTS

I. Le comte de Bourmont et le baron d'Haussez. — Essai d'intervention de Mehemet-Ali. — L'expédition est décidée. — Le vice-amiral Duperré. — Composition de l'armée expéditionnaire. — II. Discussion diplomatique avec l'Angleterre. — Négociation à Tunis.

I

M. Deval, son attitude à Alger, ses mérites ou ses torts, la mesure de l'offense et la mesure de la réparation, tous ces problèmes depuis deux ans agités, débattus, controversés à Paris, allaient être désormais relégués au second plan. Un seul grand fait, certain, éclatant, incontestable, dominait tout, s'imposait à tous : le 3 août, en pleine lumière, devant les grands espaces du ciel et de la mer, sous les yeux de cinquante mille témoins émus et frémissants, aux cris d'une foule qui se rendait par ses applaudissements complice de l'attentat, le dey Hussein avait outragé le pavillon français et le pavillon parlementaire, l'honneur d'une grande nation et le droit de toutes les nations.

Les deux ministres par qui devait s'exercer l'action vengeresse de la France, le comte de Bourmont et le baron d'Haussez, parfaitement d'accord, dès le premier moment s'étaient promis le mutuel concours de la guerre et de la marine. Déjà, sous le précédent ministère, une commission mixte avait étudié avec soin le projet d'une expédition militaire et maritime contre Alger. Tout en s'inspirant du beau rapport de M. de Clermont-Tonnerre, dont les principes étaient la base nécessaire de ses travaux, la commission avait pénétré plus avant dans le détail, serré de plus près les questions, réglé plus exactement l'effectif, le matériel, la dépense, et, par cette exactitude même, réduit, contre toute attente, de cinquante millions à trente les frais extraordinaires de l'expédition.

Tandis que MM. de Bourmont et d'Haussez, adoptant à peu de chose près l'œuvre de la commission de 1828, se tenaient prêts à mettre ses conclusions en pratique, le prince de Polignac, président du conseil et ministre des affaires étrangères, se laissait un peu légèrement surprendre par une proposition séduisante à première vue, mais qui avait le grave inconvénient de confier à des mains étrangères le soin de venger l'honneur et les intérêts de la France. Le pacha d'Égypte, Méhémet-Ali, était un habile politique. Dans le conflit soulevé par l'insurrection des Grecs, il avait eu l'art de satisfaire à ses devoirs envers le sultan son suzerain, et cependant de se ménager auprès des grandes puissances de l'Europe. En France particulièrement, il comptait déjà de nombreux amis; on vantait la renaissance de l'Égypte sous une main qui savait assouplir l'islamisme et le plier aux formes de la civilisation chrétienne et surtout française. Pourquoi ces bienfaits ne seraient-ils pas étendus à la Barbarie tout entière? Au mois d'octobre, M. de Polignac reçut d'Alexandrie une dépêche par laquelle M. Drovetti, consul général de France, l'informait que Méhémet-Ali se chargerait volontiers de soumettre les trois Régences barbaresque et de les gouverner aux mêmes conditions que l'Égypte, c'est-à-dire à titre de vassal et de tributaire du sultan, si de son côté la France voulait bien, pour prix de ses services, lui faire une avance de vingt millions remboursables en dix ans, et lui abandonner, mais sans retour, quatre de ses vaisseaux de ligne. En même temps que cette dépêche était arrivé un Français, le marquis de Livron, général au service du pacha d'Égypte, et envoyé par lui pour soutenir ses propositions. Elles furent accueillies en principe; dès le 12 octobre, le général Guilleminot, ambassadeur de France à Constantinople, fut invité à demander au sultan un firman destiné à autoriser le pacha dans son entreprise. Peu de temps après, un officier français, le capitaine Huder, partit pour Alexandrie; les instructions dont il était porteur réduisaient à dix millions l'avance demandée par Méhémet-Ali; quant aux vaisseaux de ligne, le gouvernement français consentait seulement à les lui prêter. Lorsque le pacha, qui prétendait les avoir en toute propriété, donna pour raison qu'il ne pouvait se présenter devant des musulmans sous pavillon chrétien, il lui fut répondu que jamais, de l'aveu du roi, des bâtiments sur lesquels avait flotté le pavillon français n'en porteraient d'autre. Difficile et traînante à Alexandrie, la négociation à Constantinople tourna court. Le sultan Mahmoud refusa net le firman qu'on lui demandait, en disant que l'expédition projetée par le pacha d'Égypte « était une de ces entreprises que la Porte ne pouvait avouer ». Cependant M. de Polignac était résolu à passer outre; il lui plut de prendre cette réponse pour un consentement tacite, et il n'hésita pas, le 16 janvier 1830, à donner officiellement part de ses projets aux grandes puissances de l'Europe. Sauf à Saint-Pétersbourg, où la confidence en avait déjà été faite, la communication française ne rencontra qu'un accueil froid et réservé, plus froid à Londres que partout ailleurs.

Le comte de Bourmont et le baron d'Haussez n'avaient jamais partagé ni approuvé les vues du prince de Polignac. Ils avaient toujours été d'avis l'un et l'autre que la France devait faire ses affaires elle-même et prendre Alger d'abord. « La justice de la cause de Votre Majesté et l'intimité de ses relations avec les cours de l'Europe, disait au roi M. de Bourmont dans un rapport du mois de décembre 1829, ne permettent pas de penser qu'elle rencontre de leur part la moindre opposition dans cette circonstance. Il ne pourrait y avoir lieu à contestation qu'à l'égard de l'usage qu'on ferait de la conquête ; mais quelles que soient plus tard les combinaisons politiques de l'Europe, Alger, étant au pouvoir de la France, pourrait être échangé avantageusement pour quelque partie du territoire plus à notre convenance, ou enfin cette conquête pourrait être cédée à Méhémet-Ali, qui en obtiendrait la possession au moyen de payements successifs, ou bien encore en nous offrant des avantages dans les relations commerciales qu'il cherche à entretenir avec la France. » Quand il fut bien constaté que le plan favori de M. de Polignac, éludé à Constantinople, vu à Londres avec méfiance, avec froideur partout, n'avait même pas, pour se faire accepter en France, le mérite d'un succès diplomatique, les ministres de la guerre et de la marine eurent moins de peine à convaincre d'illusion le ministre des affaires étrangères.

Le 31 janvier, dans une séance décisive, le conseil se prononça pour l'envoi immédiat d'une expédition française contre Alger; mais, en même temps, et par ménagement pour M. de Polignac, il fut décidé que les projets de Méhémet-Ali sur Tunis et Tripoli continueraient d'être encouragés, et que la France y concourrait par un subside de huit millions une fois donnés. Même réduite à ce point, l'idée d'une alliance entre la France et le pacha d'Égypte effrayait le sultan et mécontentait les puissances qui redoutaient l'ambition de son vassal. C'était Méhémet-Ali qui avait fait les premières avances : ce fut lui qui se retira le premier. La France n'essaya pas de le retenir;

il lui convenait mieux d'être seule, libre de ses mouvements et toute à la vengeance qu'elle avait à tirer d'Alger.

Elle s'y préparait vaillamment. Le 31 janvier, l'expédition avait été résolue; cinq jours après, une dépêche appelait de Brest à Paris le vice-amiral Duperré. C'était à lui qu'était destiné le commandement en chef de la flotte. Un tel choix, fait dans les rangs de l'opposition, surprit également les amis du cabinet et ses adversaires; mais il n'en était que plus significatif, car il montrait comment les rivalités de parti devaient céder à l'intérêt national.

Si le baron d'Haussez n'avait pas eu, sur les plans qu'il étudiait depuis six mois, des convictions fortes, jamais il ne les aurait fait triompher; toute la haute marine y était contraire. Quelques-uns allaient jusqu'à nier radicalement qu'il fût possible, à moins de sacrifier une partie de l'expédition, de débarquer 30,000 hommes sur la côte d'Afrique; ceux qui blâmaient cette opinion trop absolue s'accordaient au moins à déclarer que les préparatifs ne seraient jamais achevés pour la saison favorable. C'était l'avis du vice-amiral Duperré lui-même; il crut de son devoir de s'en expliquer loyalement avec le ministre. Un petit nombre d'officiers de marine, jeunes encore, mais à qui le blocus d'Alger avait donné une connaissance des lieux et pour ainsi dire une compétence au-dessus de leur âge et de leur grade, le commandant Dupetit-Thouars en première ligne, appuyaient énergiquement le baron d'Haussez. Il prit courage à les entendre, et pour réponse aux objections du vice-amiral Duperré, il lui remit, le 12 mars, une lettre du roi qui l'envoyait à Toulon presser, avec toute l'autorité d'un préfet maritime, l'organisation de la flotte qu'il devait avoir l'honneur de commander en chef. De huit mois que l'administration de la marine avait demandés d'abord pour les préparatifs, elle s'était déjà réduite à six; le ministre lui en donna trois. Sa confiance étonna, puis gagna les plus incrédules; à Toulon, dans tous les arsenaux et ports de guerre, on travaillait sans relâche, et l'amiral Duperré, revenu promptement de ses doutes, put se féliciter avec le ministre des progrès qu'il avait à lui signaler tous les jours.

L'activité n'était pas moins grande au ministère de la guerre. Dès le 10 février, le roi avait appelé au commandement du génie et de l'artillerie dans le corps expéditionnaire les maréchaux de camp Valazé et de La Hitte. Ils avaient, chacun dans son arme, de grands apprêts de matériel à ordonner. Le 24, tous les autres officiers généraux, sauf le commandant en chef, étaient choisis.

L'infanterie de l'armée comprenait trois divisions, chaque division trois brigades, et chaque brigade deux régiments à deux bataillons. Au moment de tenter une entreprise où le ciel, la terre, l'ennemi, tout était nouveau, où les plus aguerris, malgré leur expérience, allaient entrer en lutte avec l'inconnu, le ministre avait voulu grouper sous la main d'un seul chef un moindre nombre de soldats, afin de resserrer dans un cercle plus étroit l'action plus énergique du commandement et de la discipline. C'est pourquoi le nombre des brigades avait été porté de six à neuf, et chaque brigade réduite à quatre bataillons, au lieu de six qu'elle aurait dû compter.

Trois lieutenants généraux, le baron Berthezène, le comte de Loverdo et le duc Des Cars, étaient nommés au commandement des divisions. Une certaine intention politique avait influé sur ces nominations ; comme pour l'expédition d'Espagne, le gouvernement s'était préoccupé d'unir et de fondre les divers éléments de la haute armée ainsi représentée dans ces types : Berthezène, un pur divisionnaire de l'Empire ; Loverdo, de même origine, mais compromis dans la cause des Bourbons en 1815; le duc Des Cars, un royaliste de vieille roche. Les maréchaux de camp Poret de Morvan, Achard et Clouet pour la première division; de Damrémont, Monck d'Uzer et Collomb d'Arcine pour la seconde; Bertier de Sauvigny, Hurel et de Montlivault pour la troisième, commandaient les brigades. Les importantes fonctions de chef d'état-major général étaient dévolues au lieutenant général Desprez; celles de sous-chef, au maréchal de camp Tholozé. Enfin, le baron Denniée, avec le titre d'intendant général, avait la direction des services administratifs.

La tête de l'armée ainsi constituée, on s'occupa, sans perdre un moment, de lui faire un corps et des membres. Le choix des régiments destinés à passer en Afrique n'eut rien d'arbitraire : les services rendus en Espagne et en Morée, les qualités acquises et prouvées dans les camps d'instruction furent les titres les plus sérieux à la préférence du ministre; mais il dut tenir compte aussi des emplacements occupés par les corps et de leur distance au lieu d'embarquement; la promptitude et la facilité des communications avaient, dans le problème à résoudre, une valeur qu'il n'était pas permis de négliger.

Les régiments désignés, soit d'infanterie de ligne, soit d'infanterie légère, devaient avoir, grand et petit état-major compris, un effectif de 60 officiers et de 1,654 sous-officiers et soldats. Comme le complet, sur le pied de paix, n'était pour l'infanterie de ligne que de 1,300 hommes, le ministre décida que les hommes en congé d'un an seraient rappelés immédiatement et dirigés, non pas sur leurs anciens corps, mais sur ceux des régiments expéditionnaires qui se trouveraient les plus voisins de leur résidence. Quant à l'infanterie légère dont l'effectif, réduit par les exigences du budget, n'était alors que de 900 hommes, il n'était pas possible de lui demander, par régiment, plus d'un bataillon de guerre. Le ministre décida que quatre de ces bataillons, empruntés à quatre corps différents, seraient associés deux à deux pour former un premier et un deuxième régiment de marche d'infanterie légère.

Ces deux régiments et seize autres d'infanterie de ligne devaient donner trente-six bataillons de force égale et parfaitement composés ; car les chefs de corps avaient reçu l'ordre de n'y admettre que des hommes de choix, afin de réduire d'autant le chiffre des non-valeurs pendant la campagne. Il était prescrit aux lieutenants généraux commandant les divisions territoriales de rendre compte au ministre, tous les cinq jours, de l'état des régiments expéditionnaires compris dans leurs arrondissements respectifs, en entrant dans les plus grands détails sur l'organisation des bataillons, l'habillement, l'équipement et l'armement des hommes.

Dans le projet émané de la commission de 1828, la cavalerie figurait pour une brigade de huit escadrons. Préoccupé de la pénurie probable des fourrages, M. de Bourmont se contenta d'organiser, sous le nom de chasseurs de l'armée d'Afrique, un seul régiment de marche formé de trois escadrons, dont un de lanciers. L'effectif n'allait guère au delà de 500 chevaux.

Au lieu d'être répartie entre les divisions de l'armée, l'artillerie de campagne, composée de quatre batteries montées et d'une batterie de montagne, devait former, sous la main du général en chef, une masse dont il dirigerait l'emploi.

Trente pièces de 24 et vingt de 16, approvisionnées, les premières à 1,000 coups, les autres à 800; douze canons de 12, douze obusiers de huit pouces et huit mortiers de dix pouces, tous approvisionnés également à 500 coups, formaient l'équipage de siége, au service duquel étaient affcetées dix batteries de canonniers à pied. En y ajoutant une compagnie de pontonniers, une d'ouvriers et un escadron du train des parcs, on arrivait, pour le personnel de l'artillerie, état-major compris, à un effectif de 106 officiers, de 2,268 hommes et de 1,337 chevaux. Sans qu'il soit besoin d'entrer dans tous les détails du matériel, il suffira de noter qu'indépendamment de l'armement de campagne et de siége dont on vient de parler, l'artillerie emportait encore 150 fusils de rempart, 500 fusées à la Congrève avec leurs chevalets, 100,000 sacs à terre, et des réserves d'approvisionnement qui n'allaient pas à moins de 72,000 gargousses, de 5,000,000 de cartouches d'infanterie et de 285,000 kilogrammes de poudre.

Le personnel du génie comprenait, outre l'état-major, six compagnies de sapeurs, deux de mineurs et une demi-compagnie de conducteurs, soit pour l'effectif total 63 officiers, 1,280 hommes et 170 chevaux. Dans l'énorme matériel accumulé par le génie pour les besoins d'une campagne dont le siége d'Alger devait être le fait capital, on se contentera d'indiquer 27,000 outils de pionniers, 200,000 sacs à terre, 1,500 mètres cubes de bois de construction ou de sciage, 4,000 palissades, 4,000 chevaux de frise portatifs, etc.

Les services administratifs n'étaient pas organisés avec moins de prévoyance. Il avait été réglé que l'armée emporterait avec elle pour deux mois de vivres, et qu'un approvisionnement d'égale importance la suivrait presque aussitôt. Quant au mode de fourniture, deux systèmes étaient en présence : la régie pour le compte et par les agents de l'État, ou l'entreprise privée avec libre concurrence. Le premier avait de tels inconvénients qu'il était condamné d'avance; le second n'offrait pas autant de sécurité qu'il était nécessaire; car il y avait des exemples que des adjudicataires, surpris par une hausse imprévue des denrées, avaient tout à coup manqué à leur engagement et préféré le sacrifice de leur cautionnement à l'exécution d'un marché devenu pour eux une cause évidente de ruine. Entre les deux, le ministre adopta le système intermédiaire des achats par commission. Le 25 février 1830, il signa avec la maison Seillière un traité par lequel cette maison s'engageait, moyennant une commission de deux pour cent sur toutes ses dépenses régulièrement justifiées, et l'intérêt légal de ses avances, à livrer au prix d'achat, sur les points et dans les délais fixés par l'administration, toutes les denrées qui lui seraient demandées en telle quantité qu'il serait nécessaire. Une première commande fut faite deux jours après au commissionnaire, afin qu'il eût à réunir à Marseille, avant le 25 avril, l'approvisionnement de deux mois que l'armée devait emporter avec elle et qui était calculé sur une moyenne de 40,000 rations de vivres et de 4,000 rations de fourrage par jour [1].

Le service des hôpitaux était abondamment pourvu ; la pharmacie centrale de Paris avait reçu l'ordre de préparer une grande quantité de médicaments qu'elle expédiait à mesure sur Marseille à la disposition du pharmacien en chef de l'armée. A la suite de négociations ouvertes par le ministre des affaires étrangères avec le gouvernement espagnol, l'administration française fut autorisée à établir dans le lazaret de Mahon un hôpital pour 2,000 malades et blessés. C'était un établissement permanent et salubre, sur lequel il serait facile d'évacuer les hôpitaux provisoires que l'intendant général Denniée se proposait

---

[1] Une deuxième et une troisième commande furent faites le 4 mars et le 21 août. En résumé, les fournitures faites pendant cinq mois par la maison Seillière s'élevèrent à la somme de 8,175,412 fr. 66 centimes.

d'installer en Afrique sous des hangars mobiles, couverts en toile imperméable, capables de contenir 150 lits et même le double au besoin. Outre le personnel médical attaché aux différents corps de l'armée, le service des hôpitaux comptait 270 officiers de santé, 102 officiers d'administration et autres.

Toute la prévoyance humaine appliquée à la conservation des hommes ne saurait les garantir contre les blessures, mais elle peut jusqu'à un certain point leur épargner des maladies. Des vivres sains, de bons habits, de bonnes chaussures sont les meilleurs de tous les préservatifs pour la santé des troupes en campagne. On savait qu'en Afrique à de chaudes journées succèdent des nuits très-humides et très-fraîches; chaque homme reçut pour le jour une coiffe de shako en étoffe blanche, pour la nuit une ceinture de laine; un approvisionnement de sacs de campement, de couvertures, et 4,800 tentes furent réunis par les soins de l'administration. Pour le service des transports, 128 caissons à deux roues, autant à quatre roues, les premiers construits d'après un modèle nouveau et sur l'ordre exprès de M. Denniée, au total 256 voitures, 626 mulets de bât et 654 chevaux de trait qui, grâce à certaines dispositions de leur harnachement, pouvaient être employés comme sommiers, étaient affectés au train des équipages militaires, avec un personnel de 26 officiers et de 825 hommes.

Les services administratifs en général, dirigés par 12 sous-intendants et adjoints, avaient un effectif de 12 officiers et de 808 ouvriers d'administration.

Un grand prévôt, 6 officiers et 125 hommes de gendarmerie constituaient la force publique de l'armée. Quelques employés des postes et du trésor, ceux-ci sous la direction de M. Firino, payeur général, un chef et des ouvriers lithographes, même un aérostier, le sieur Margat, qui s'était engagé à fournir, pour aider aux observations militaires, un ballon de vingt pieds de diamètre [1], formaient avec les interprètes, dont il reste à parler, le personnel des services auxiliaires. Après avoir eu d'abord la pensée de chercher dans les débris du corps attaché à l'ancienne garde impériale un escadron ou une compagnie de mameluks, le ministre de la guerre avait dû se borner à choisir, parmi ceux qui se

---

[1] Il ne fut sans doute pas donné suite à ce projet; dans l'expédition même, on ne vit nulle part ni l'aérostier ni l'aérostat.

trouvaient encore en état de faire campagne, un personnel réduit de vingt-cinq interprètes.

Ainsi constituée dans ses éléments essentiels, mais encore épars, l'armée attendait, pour s'organiser et prendre corps, les ordres de rassemblement. Ils furent donnés le 20 mars, et quatre jours après le mouvement commença. Ceux des régiments expéditionnaires qui tenaient garnison dans le centre et dans le nord de la France furent dirigés sur Châlon-sur-Saône ou sur Lyon, afin d'y être embarqués et transportés par eau jusqu'à Avignon. A la fin du mois d'avril, toutes les troupes occupaient les cantonnements qui leur avaient été assignés : la première division d'infanterie entre Toulon et Draguignan; la deuxième entre Toulon et Aix; la troisième à Aix même et aux environs; la cavalerie, le train d'artillerie, le train des équipages militaires à Tarascon et sur les bords du Rhône; les batteries de campagne aux portes de Toulon, où étaient déjà réunis l'équipage de siége et le matériel; les mineurs et les sapeurs du génie à Arles, sauf un détachement de cent hommes employés à construire dans les ateliers de Roquemaure et d'Aramon un certain nombre de blockhaus qu'on voulait avoir tout prêts en débarquant en Afrique.

Quelques soins qu'il eût apportés à la composition des corps, au bon choix et au bien-être des hommes, le ministre de la guerre ne s'était pas dissimulé que, même avant les fatigues et les dangers d'un siége, l'effectif aurait à subir des pertes qu'il n'évaluait pas à moins d'un vingtième pour la seule marche des troupes de leur garnison au lieu d'embarquement. Aussi avait-il fait agréer au roi, le 7 avril, la proposition de former et de réunir, dans la 8e division militaire, une réserve qui se tiendrait prête à embarquer au premier ordre, et qui serait composée d'une division d'infanterie, de quatre batteries de campagne et de deux compagnies du génie, soit 8,500 hommes environ, officiers compris. Ce fut le lieutenant général vicomte de Fezensac qui eut le commandement de cette division de réserve.

Cependant on s'étonnait à bon droit que le roi n'eût pas encore désigné l'homme de guerre qui devait mener la grande entreprise. Le 20 avril, le *Moniteur* apprit au public que depuis neuf jours l'armée avait un général en chef : c'était le ministre de la guerre, le comte de Bourmont lui-même. Membre d'un cabinet qui, dans l'expédition d'Alger, poursuivait un succès politique, M. de Bourmont y poursuivait d'abord un succès personnel. D'autres, par une ambition noble, par un pur amour de la gloire, pouvaient aspirer au commandement d'une armée française ; pour lui, c'était une nécessité fatale, un besoin d'expiation qui le poussait à y prétendre ; la tache de sa vie ne pouvait s'effacer que sous l'éclat d'un triomphe militaire. Si l'on ne peut pas justement dire que ce fût un intérêt pareil, c'était au moins un sentiment du même ordre qui animait le plus redoutable, le plus obstiné de ses compétiteurs au commandement, le maréchal Marmont, duc de Raguse. Avec l'appui du Dauphin, M. de Bourmont l'emporta.

Deux ordonnances, l'une du 11 avril, l'autre du 18, nommèrent le ministre de la guerre général en chef de l'armée d'Afrique, et le président du conseil ministre de la guerre par intérim. Un sous-secrétaire d'État, le vicomte de Champagny, devait assister dans ses fonctions provisoires le prince de Polignac. Le 19, le général en chef quitta Paris pour aller prendre possession de son commandement.

II

Le choix de M. de Bourmont et son départ eurent pour effet de raviver entre les cabinets de Paris et de Londres une discussion qui, entamée sur un ton de politesse froide, s'échauffait par degrés et menaçait de tourner à l'aigre. Lorsque l'Angleterre avait d'abord manifesté des inquiétudes au sujet d'une alliance entre la France et le pacha d'Égypte, elle s'était contentée d'engager la France à vider elle-même son différend. Mais quand le gouvernement français eut décidé d'agir et commencé ses préparatifs, le comte d'Aberdeen, principal secrétaire d'État des affaires étrangères, chargea, le 5 mars, l'ambassadeur anglais à Paris de provoquer des explications sur les armements de la France. Il comprenait et approuvait même, disait-il, que la France voulût tirer satisfaction des injures qu'elle avait reçues de la régence d'Alger; mais les forces considérables que l'on s'apprêtait à embarquer, les formidables préparatifs qui se faisaient, lui donnaient à craindre qu'il ne s'agît plutôt de la destruction de la régence que d'un simple châtiment à lui infliger. Huit jours après, le 12 mars, le prince de Polignac écrivit à tous les représentants du roi dans les cours étrangères une dépêche en forme de note circulaire, destinée à communiquer à toute l'Europe chrétienne les explications qu'il ne convenait pas de donner à l'Angleterre seule.

« Le roi, y était-il dit, ne bornant plus ses desseins à obtenir la réparation des griefs particuliers de la France, a résolu de faire tourner au profit de la chrétienté tout entière l'expédition dont il a ordonné les préparatifs, et il a adopté pour but et pour prix de ses efforts : la destruction définitive de la piraterie, — l'abolition absolue de l'esclavage des chrétiens, — la suppression du tribut que les puissances chrétiennes payent à la régence. Tel sera, si la Providence seconde les armes du roi, le résultat de l'entreprise dont les préparatifs se font en ce moment dans les ports de France. Sa Majesté est résolue à la poursuivre par le développement de tous les moyens qui seront nécessaires pour en assurer le succès, et si, dans la lutte qui va s'engager, il arrivait que le gouvernement même existant à Alger vînt à se dissoudre, alors le roi, dont les vues, dans cette grave question, sont toutes désintéressées, se concerterait avec ses alliés pour arrêter le nouvel ordre de choses qui, pour le plus grand avantage de la chrétienté, devrait remplacer le régime détruit, et qui serait le plus propre à assurer le triple but que Sa Majesté s'est proposé d'atteindre. »

Ces explications, en ce qui concernait les causes et l'objet général de la guerre, furent acceptées à Londres; mais la satisfaction du gouvernement anglais eût été plus complète si la France, disait-il, avait explicitement renoncé à toutes vues d'occupation territoriale ou d'agrandissement. A quoi M. de Polignac répondit qu'en effet la conduite de la France était parfaitement désintéressée, et qu'il en donnait volontiers l'assurance. L'Angleterre insista; elle voulait une déclaration positive. C'était au moment où M. de Bourmont venait de partir pour l'armée. Il avait quitté Paris le 19 avril; le 24, le roi ordonnait à M. de Polignac de répondre au gouvernement britannique « qu'il ne prendrait aucun engagement contraire à sa dignité et à l'intérêt de la France; que son unique objet, en ce moment, était de punir l'insolent pirate qui avait osé le provoquer; mais que si la Providence lui accordait de tels succès que les États de son ennemi tombassent en son pouvoir, alors il aviserait aux déterminations qu'exigeraient l'honneur de sa couronne et les intérêts de son royaume; qu'au reste, tout ce qu'il pouvait accorder à ses alliés dès à présent, c'était l'assurance qu'il prendrait leur avis et qu'il ne déciderait rien qu'après avoir pesé leurs observations et les convenances européennes ». Les exigences de l'Angleterre allaient croissant; elle se déclarait mal satisfaite, presque offensée. « L'affaire, écrivait le 4 mai lord Aberdeen, l'affaire, en vérité, commence à prendre un mauvais aspect et à faire naître des doutes et des soupçons que le gouvernement de Sa Majesté ne désire assurément pas voir se confirmer. »

Résolu à ne pas resserrer le dialogue entre la France et l'Angleterre, M. de Polignac adressa, le 12 mai, à l'Europe, de nouvelles communications dont l'Angleterre n'avait qu'à prendre sa juste part. Il y était dit qu'au moment où la flotte française allait prendre la mer, le roi désirait s'expliquer de nouveau avec ses alliés. « Deux intérêts, continuait le ministre, ont motivé les armements qui se sont faits dans nos ports. L'un concerne plus particulièrement la France : c'est de venger l'honneur de notre pavillon, d'obtenir le redressement des griefs qui ont été la cause immédiate des hostilités, d'assurer nos possessions contre les agressions et les violences dont elles ont été si souvent l'objet, et de nous faire donner une indemnité pécuniaire qui puisse, autant que l'état d'Alger le permettra, diminuer pour nous les dépenses d'une guerre que nous n'avons pas provoquée. L'autre, qui touche la chrétienté tout entière, embrasse l'abolition de l'esclavage, celle de la piraterie et celle des tributs que l'Europe paye encore à la régence d'Alger. Le roi est fermement résolu à ne pas poser les armes et à ne pas rappeler ses troupes d'Alger que ce double but n'ait été atteint et suffisamment assuré ; et c'est pour s'entendre sur les moyens d'y parvenir, en ce qui concerne les intérêts de l'Europe, que Sa Majesté a fait annoncer à ses alliés, le 12 mars dernier, son désir de se concerter avec eux, dans le cas où le gouvernement actuellement existant à Alger viendrait à se dissoudre au milieu de la lutte qui va s'engager. On rechercherait alors en commun quel serait l'ordre de choses nouveau qu'il serait convenable d'établir dans cette contrée, pour le plus grand avantage de la chrétienté. Sa Majesté doit, dès ce moment, donner l'assurance à ses alliés qu'elle se présenterait à ces délibérations prête à fournir toutes les explications qu'ils pourraient encore désirer, disposée à prendre en considération tous les droits et tous les intérêts, exempte elle-même de tout engagement antérieur, libre d'accepter toute proposition qui serait jugée propre à assurer le résultat indiqué, et dégagée de tout sentiment d'intérêt personnel. »

Le 3 juin, nouvelle insistance de l'Angleterre; elle reprochait à la dernière circulaire française de ne contenir, pas plus que les précédentes, aucun engagement, aucune sûreté pour l'avenir, rien, en un mot, qui garantît à la nation anglaise que la France ne garderait pas Alger. Pour toute réponse, le prince de Polignac se borna, par un billet sec et laconique, à se référer aux communications que le roi venait de faire à ses alliés et qui « ne demandaient aucun nouveau développement ». Dès lors la discussion fut sinon close, du moins interrompue.

Cependant il est certain que le gouvernement du roi Charles X n'avait encore aucun parti pris sur ce qu'il ferait d'Alger. Une lettre écrite, le 20 avril, par M. de Polignac au comte de Rayneval, ambassadeur de France à Vienne, donne sur ces incertitudes le plus curieux et le plus complet témoignage. « La seule résolution que le roi ait arrêtée à ce sujet, disait le ministre des affaires étrangères, est de ne quitter cette contrée qu'en y laissant un ordre de choses qui préserve à jamais l'Europe du triple fléau de l'esclavage des chrétiens, de la piraterie et de l'exigence pécuniaire des deys. Telles sont les intentions que Sa Majesté a déjà fait connaître à ses alliés. Elle se propose de les leur répéter, lorsque ses troupes seront dans Alger, en invitant chacun d'eux à lui faire connaître quelle destination il pense que l'on doive donner à ce pays. Voici les différents systèmes que nous avons eu à examiner jusqu'à ce jour :

« 1° Nous retirer après avoir fait une paix qui oblige le dey à nous accorder les trois points indiqués plus haut, et qui de plus mette à couvert nos intérêts particuliers, par la stipulation d'une indemnité de guerre de cinquante millions et la cession de Bone pour garantir la sûreté de nos établissements.

« 2° Enlever à la capitale de cette régence les moyens de défense qui l'ont encouragée jusqu'à présent à braver l'Europe; ainsi raser les forts, enlever les canons, mais laisser, du reste, le gouvernement tel qu'il est, en lui imposant les conditions ci-dessus.

« 3° Pour rendre plus certaine encore l'impuissance des Algériens à l'avenir, combler leur port après avoir détruit les fortifications du môle et de la ville.

« 4° Reconduire les milices turques en Asie, et établir à la place du dey un prince maure ou arabe, avec un gouvernement national.

« 5° Après avoir détruit la régence, faire d'Alger un simple pachalik, à la nomination du sultan.

« 6° Donner Alger à l'ordre de Malte.

« 7° Garder Alger et coloniser la côte; nous avons quelque sujet de penser que la Russie et la Prusse inclineraient vers l'adoption de ce parti.

« 8° Partager tout le pays entre les puissances de la Méditerranée, de manière qu'en partant de l'est et allant à l'ouest, l'Autriche aurait Bone, la Sardaigne Stora, la Toscane Djidjelli, Naples Bougie, la France Alger, le Portugal Tenez, l'Angleterre Arzeu, l'Espagne Oran. »

Entre tous ces partis, ou plutôt avant d'en choisir aucun, le gouvernement croyait que le mieux était d'attendre et de laisser d'abord faire le comte de Bourmont.

Le général en chef avait, pour sa part, des occupations, sinon des embarras diplomatiques. Était-il possible qu'on eût oublié à Tripoli et à Tunis les menaçants projets conçus, avec l'assentiment de la France, par le pacha d'Égypte et à peine abandonnés de la veille? De Tripoli M. de Bourmont ne s'inquiétait guère, mais il lui importait beaucoup d'être exactement renseigné sur ce qui se passait à Tunis. L'Angleterre se flattait d'y pouvoir tourner les esprits contre la France, et peut-être y eût-elle réussi, malgré l'habile défense du consul général français, M. de Lesseps, si la jalousie notoire et traditionnelle des chefs barbaresques entre eux et la maladroite conduite du dey Hussein n'avaient entraîné dans un sens tout contraire les ressentiments du bey de Tunis. En effet, pour décider celui-ci à joindre ses armes aux siennes, Hussein n'avait imaginé rien de mieux que de le menacer, en cas de refus, d'une invasion prochaine et d'une complète extermination. Le bey fut profondément irrité : M. de Lesseps commença de le ramener vers la France; des agents spécialement envoyés par M. de Bourmont achevèrent de le convaincre, et le 6 mai, le général en chef pouvait faire transmettre au prince de Polignac, par son chef d'état-major, les meilleures nouvelles de Tunis. Le bey montrait les dispositions les plus favorables, et pourvu que sa bonne volonté, discrètement ménagée, ne le compromît pas avec ses sujets musulmans, il consentait de bonne grâce à favoriser le ravitaillement de l'armée française.

Outre le bey de Tunis, les agents de M. de Bourmont ne désespéraient pas de gagner le bey de Constantine, ou tout au moins les cheiks des principales tribus situées dans son beylik. Des proclamations, préparées dès le mois de mars au ministère de la guerre et traduites en arabe, avaient été répandues en Algérie. La plus importante était conçue en ces termes :

« Aux Coulouglis et Arabes du gouvernement d'Alger.

« Nos amis! L'armée française se dirige vers Alger pour combattre et chasser de ce pays vos ennemis, les Turcs, qui vous vexent et prennent vos biens, vos récoltes, vos troupeaux, et dont le sabre est toujours suspendu sur vos têtes.

« L'armée française ne vient pas pour s'emparer de votre pays et s'y établir; non, nous vous l'assurons. Elle vient pour rendre ces contrées à leurs anciens maîtres.

« Unissez-vous à nous pour chasser ces étrangers et redevenir ce que vous étiez autrefois, libres et possesseurs du pays dans lequel vous êtes nés.

« Les Français agiront de concert avec vous. Ils agissent de concert avec vos frères les Égyptiens, qui ne cessent de penser à nous et de nous regretter, et qui, trente ans après que nous sommes sortis de leur pays, envoient leurs enfants en France pour étudier et apprendre les arts.

« Nous protégerons vos propriétés et votre religion, parce que, en France, le roi victorieux et juste protége toutes les religions.

« Si vous n'avez pas foi en nos paroles ou en la force de notre armée, si enfin vous avez quelque doute, restez éloignés de nous, mais ne vous mêlez pas aux Turcs, vos ennemis et les nôtres. Demeurez dans vos habitations. Les Français n'ont besoin de personne que d'eux-mêmes pour vaincre les Turcs et les chasser de votre pays. Les Français seront toujours vos amis et alliés.

« Si vous voulez venir au milieu de nous et vous mêler à nous, vous serez les bienvenus, et nous serons charmés de vous voir. Si vous voulez nous apporter des provisions, des fourrages, nous amener des bœufs, des moutons, etc., nous payerons tout comptant. Si vous avez quelque crainte, désignez-nous quelque endroit; nous y enverrons nos hommes sans armes, avec de l'argent en abondance, en toute confiance. Ceux qui apporteront des provisions les vendront.

« Salut! Restez nos amis et nos alliés, fidèles à votre intérêt et au nôtre [1]. »

Évoqués comme un glorieux et utile exemple, les souvenirs de l'expédition d'Égypte avaient inspiré cette proclamation. Le public français resta quelque temps sans la connaître; mais quand les journaux s'en furent emparés, en y ajoutant des commentaires plus ou moins favorables, elle donna quelque souci au gouvernement. Des ordres furent envoyés pour en arrêter la publication; il était trop tard; depuis plus d'un mois, la proclamation était entre les mains des Arabes, et l'armée, dont elle annonçait la venue, s'apprêtait à descendre sur la terre d'Afrique.

---

[1] L'un des agents envoyés par M. de Bourmont à Tunis, M. d'Aubignosc, écrivait, le 30 avril, au prince de Polignac :
« Les proclamations font merveille. Le chargé d'affaires du Maroc à Tunis, parvenu à peine à la cinquième ou sixième ligne, s'écria : « La vérité est une; elle est là tout entière! » La lecture achevée, on lui demanda quel effet il en éprouvait : « Une sueur froide « de contentement, répondit-il. — Vous la trouvez donc bonne? « — Divine! c'est la parole de Dieu. — Sera-t-elle comprise? — Qui « peut en douter? »

CHAPITRE IV

L'EXPÉDITION

I. Activité de la marine. — Ardeur de l'armée. — Embarquement. — Départ. — II. Péripéties de la traversée. — Relâche à Palma. — Sidi-Ferruch.

I

Il faut rendre hommage à l'activité de la marine : le ministre avait fait au delà de ce qu'il avait promis, le vice-amiral Duperré au delà de ce qu'il avait cru possible. Quand le général en chef était arrivé à Toulon, la rade peuplée, mouvante, animée sans désordre, avait déployé sous ses yeux le plus admirable spectacle. Onze vaisseaux de ligne, vingt-quatre frégates, des corvettes, des bricks, au total plus de cent bâtiments de guerre, les uns déjà chargés de matériel, les autres disposés pour recevoir les troupes, se tenaient au mouillage, attentifs aux signaux qui du vaisseau amiral jusqu'au dernier navire, transmis de proche en proche, portaient dans tous les sens la volonté du chef et, le moment d'après, la rapportaient à son bord, comprise et obéie. Au delà, jusqu'aux limites de l'horizon, la mer était couverte d'une multitude de voiles : c'étaient les navires du commerce, les uns destinés au transport des chevaux, les autres affrétés pour les services administratifs de la guerre, et qui, chargés de vivres, de fourrage ou de matériel à Marseille, venaient prendre leur rang parmi les 347 voiles du convoi [1]. C'étaient aussi quelque cent cinquante petits caboteurs, felouques, tartanes, balancelles, barques catalanes ou génoises, réunis tout exprès par les soins du commandant en chef pour forme une flottille de débarquement.

En effet, l'action du débarquement devait être aussi prompte et aussi générale que possible. Il fallait qu'en quelques minutes une division d'infanterie pût être jetée sur le rivage avec une artillerie suffisante. Pour les pièces de campagne, on avait construit à Toulon un certain nombre de bateaux plats ou chalands d'un nouveau modèle, et qui, chargés chacun de deux pièces avec leurs caissons et leur personnel, ne devaient pas tirer

---

[1] L'administration de la marine avait affrété 71,000 tonneaux, à raison de 16 francs par tonneau et par mois pour les navires français, et de 13 francs pour les étrangers.

plus de dix-huit pouces d'eau. L'avant, mobile et disposé pour s'abattre à la manière d'un pont-levis, rendait faciles les opérations de l'embarquement et du débarquement. Une première pièce, poussée à reculons, était conduite jusqu'à l'arrière, et placée transversalement à côté de son caisson tourné dans le même sens; la seconde, au contraire, ayant son avant-train et son caisson derrière elle, et ses servants de part et d'autre, était maintenue par un système de coulisses dans l'axe du chaland, de sorte que le panneau mobile étant abattu, elle pouvait fournir son feu et balayer le rivage, même avant d'être mise à terre. D'autres chalands capables de recevoir, les uns quatre pièces de siége, les autres 150 hommes d'infanterie, avaient été construits en même temps. Comme ces bateaux, pendant la traversée, n'auraient pas pu tenir la mer, on leur avait fait place sur les vaisseaux de ligne et sur les frégates.

Les préparatifs touchaient à leur terme. Le ministre de la marine avait voulu s'assurer par lui-même de la parfaite exécution de ses ordres; il était venu. Quelques jours après, c'était le Dauphin qui apportait les adieux du roi à ses armées de terre et de mer. Le 2 mai, le prince passait en revue la deuxième division d'infanterie à Marseille; le 3, il faisait son entrée à Toulon. Le lendemain, au milieu de l'immense flotte pavoisée, salué par l'artillerie des bâtiments de guerre, il visitait ce noble vaisseau *la Provence,* naguère offensé par les boulets algériens, et qui, sous le pavillon du vice-amiral Duperré, allait, suivi de six cents navires, porter en Afrique les vengeurs de son injure.

Le même jour, un simulacre de débarquement était exécuté sous les yeux du duc d'Angoulême. Cinq chalands avaient été disposés pour cette épreuve. Le premier portait deux pièces de campagne, des fusils de rempart et des fusées de guerre; le deuxième, des pièces de siége; chacun des trois autres, cent cinquante hommes de troupe, avec armes, bagages et chevaux de frise. Au signal donné, les cinq bateaux s'avancèrent remorqués par des chaloupes. Près du rivage, les remorques furent larguées et les chaloupes démasquèrent; au même instant, le panneau mobile du premier chaland s'abattit, et la pièce d'avant fit feu. Cependant les matelots se jetaient à la mer, munis de grappins et d'amarres, et halaient le chaland sur la plage; la pièce promptement rechargée faisait feu de nouveau, puis, sous le vigoureux effort des servants, elle roulait sur ses coulisses et touchait terre. Entre l'abandon des remorques et la mise en batterie, il ne s'était pas écoulé plus de six minutes. Protégés d'abord par l'artillerie, les soldats d'infanterie, promptement débarqués, la protégeaient à leur tour. Tandis que les autres pièces étaient tirées à terre, les fusées adaptées à leurs chevalets et les fusils de rempart mis en position, la troupe formée en bataille, couverte par des chevaux de frise, dirigeait son feu partout où l'ennemi était censé paraître. Enfin une marche générale en avant, de position en position, termina, aux acclamations d'une foule enthousiasmée, cet émouvant spectacle.

Le 5 mai, la première division, rassemblée sur les glacis de la place de Toulon, fut passée en revue par le duc d'Angoulême; le lendemain, ce fut le tour de la troisième, aux environs d'Aix. Puis le Dauphin, accompagné du ministre de la marine, reprit le chemin de Paris.

Le 10 mai, une proclamation, dont voici les principaux passages, était adressée à l'armée de terre par le général en chef :

« Soldats,

« L'insulte faite au pavillon français vous appelle

au delà des mers ; c'est pour le venger que vous avez couru aux armes, et qu'au signal donné du trône, beaucoup de vous ont quitté le foyer paternel.

« Déjà les étendards français ont flotté sur la plage africaine. La chaleur du climat, la fatigue des marches, les privations du désert, rien ne put ébranler ceux qui vous y ont devancés. Leur courage tranquille a suffi pour repousser les attaques tumultueuses d'une cavalerie brave, mais indisciplinée. Vous suivrez leur glorieux exemple.

« Soldats, les nations civilisées des deux mondes ont les yeux fixés sur vous ; leurs vœux vous accompagnent. La cause de la France est celle de l'humanité ; montrez-vous dignes de cette noble mission. Qu'aucun excès ne ternisse l'éclat de vos exploits ; terribles dans le combat, soyez justes et humains après la victoire ; votre intérêt le commande autant que le devoir. Longtemps opprimé par une milice avide et cruelle, l'Arabe verra en nous des libérateurs ; il implorera notre alliance. Rassuré par notre bonne foi, il apportera dans nos camps les produits de son sol. C'est ainsi que, rendant la guerre moins longue et moins sanglante, vous remplirez les vœux d'un prince aussi avare du sang de ses sujets que jaloux de l'honneur de la France. »

Cette proclamation produisit sur les troupes un excellent effet. En entendant un chef qu'elles avaient d'abord froidement accueilli chercher dans la grande expédition d'Égypte l'augure et le modèle de l'expédition d'Alger, en le voyant d'ailleurs appeler à lui quatre de ses fils et les associer au commun péril, elles se montrèrent satisfaites et prêtes à lui rendre la confiance qu'elles lui avaient jusque-là refusée peut-être.

L'esprit de cette armée était admirable, l'élan qui emportait vers la terre d'Afrique tous ces vaillants hommes sans égal. On l'avait bien vu dans la formation des corps; tel était le nombre de ceux qui s'étaient présentés que les chefs avaient été fort embarrassés du choix; beaucoup de sous-officiers avaient sacrifié leurs galons pour servir comme simples soldats; des officiers en grand nombre s'étaient proposés à titre de volontaires.

Parmi les élus, ceux qui avaient fait les guerres de l'Empire, surtout les vétérans d'Égypte, étaient entourés, consultés, écoutés comme des oracles, par une jeunesse avide de s'instruire. On lisait, on étudiait avec soin tous les livres, tous les documents qu'on pouvait se procurer sur l'Afrique. M. de Bourmont avait eu l'heureuse idée de faire recueillir et résumer, au Dépôt de la Guerre, les meilleurs travaux de la science moderne au sujet du pays où l'armée allait avoir à vivre et à combattre. L'*Aperçu historique, statistique et topographique sur l'État d'Alger, à l'usage de l'armée expéditionnaire d'Afrique*, rédigé au Dépôt général de la Guerre, et distribué aux officiers, leur fut en effet, pendant la campagne, d'un très-utile secours.

Pour les officiers généraux, et sur l'objet spécial du débarquement, le commandant en chef avait préparé une longue et minutieuse instruction [1]. De même, pour les marins, le vice-amiral

---

[1] Nous en donnons quelques extraits, relatifs aux dispositions à prendre contre la cavalerie arabe :

« Avant le débarquement, l'ordre doit être donné aux soldats de ne charger leurs armes qu'arrivés à terre... Un ordre semblable fut donné aux troupes en Égypte; il fut observé rigoureusement... Chaque corps se formera par bataillon, en colonne par division, à distance de peloton. On fera charger les armes; on se tiendra prêt à repousser les attaques de la cavalerie ennemie, et à protéger l'artillerie qui aura été mise à terre... L'ordre aura été donné d'avance aux capitaines de ne point agir isolément, d'attendre, pour faire un mouvement, que plusieurs compagnies de leur bataillon soient réunies, et, autant que possible, que leurs officiers supérieurs leur aient donné des ordres. Ceux-ci même n'agiront que d'après les ordres des officiers généraux. MM. les officiers généraux donneront le plus tôt possible l'ordre que les bataillons soient échelonnés. L'artillerie sera placée entre les échelons, de manière qu'elle puisse être défendue par les feux croisés, et si on le juge nécessaire, par des pelotons de voltigeurs détachés de leurs compagnies. Si les échelons ne devaient pas se mouvoir, on couvri-

Duperré avait réglé avec le plus grand soin tous les détails d'organisation et de manœuvre.

L'armée de mer comprenait trois grandes divisions : la flotte proprement dite, le convoi et la flottille de débarquement. Exclusivement formée de bâtiments de l'État, la flotte se partageait en trois escadres : l'escadre de bataille composée de vaisseaux de ligne et de frégates armés en guerre ; l'escadre de débarquement composée de vaisseaux et frégates armés enflûte ; l'escadre de réserve comprenant les bâtiments de moindre force.

C'était l'escadre de débarquement qui devait transporter la première division d'infanterie, appelée à descendre la première sur la terre d'Afrique ; l'escadre de bataille avait des aménagements réservés à la deuxième division ; pour la

rait par des chevaux de frise les échelons extrêmes dont toutes les faces ne seraient pas flanquées... Si la cavalerie ennemie se présentait, on formerait les carrés, en ne s'écartant que le moins possible de ce que prescrit l'ordonnance. Généralement les feux seraient de deux rangs... Si les échelons devaient se mettre en marche, et que la présence de l'ennemi et la crainte d'une attaque immédiate les forçassent de rester formés en carrés, on pourrait faire rompre par sections les côtés parallèles à la direction suivant laquelle on marcherait. Cette disposition éviterait l'allongement des côtés, inconvénient presque inévitable de la marche de flanc. Pendant la marche des bataillons, les tirailleurs et flanqueurs ne devront pas s'en éloigner de plus de cent pas... »

troisième, elle devait trouver place en partie sur l'escadre de réserve et en partie sur des navires détachés du convoi.

Le 11 mai, à la grande joie des troupes, l'embarquement commença. Achevé le 13, pour les deux premières divisions, il fut interrompu jusqu'au 16 pour la troisième. Le vent avait fraichi, la pluie tombait à torrents. « Il faut que le temps d'été s'établisse, écrivait au ministre de la marine le vice-amiral Duperré ; une précipitation inopportune compromettrait tout. Il s'agit bien moins d'arriver vite que d'arriver à point. En voulant devancer le beau temps de vingt-quatre heures, on courrait le risque de faire disperser la flotte. J'ai à cœur, autant et peut-être plus que personne, de ne pas laisser échapper le moment favorable. La hâte serait une faute immense. » Entre le chef de la flotte et le chef de l'armée le concert était déjà difficile ; la prudence de l'un, l'impatience de l'autre, également justifiées et légitimes, marquaient, en se heurtant dès les premiers jours, un défaut de sympathie. Repris le 16, l'embarquement fut achevé le 17, et enfin, le 18, le comte de Bourmont, accompagné des généraux Desprez, Valazé, La Hitte, et de l'intendant en chef, se rendit à bord du vaisseau amiral. Le même jour, la flottille de débarquement prit la mer en se dirigeant sur Palma, où elle devait mouiller jusqu'à nouvel ordre. L'armée s'attendait à la suivre : vaine attente. Six longues journées, où, par une succession bizarre et désespérante, l'immobilité du calme retenait et paralysait la flotte que la veille et le lendemain la tempête menaçait de précipiter à l'aventure, six de ces journées, qui ne semblent devoir jamais finir, s'écoulèrent lentement dans un mortel ennui. Tout à coup, le 25, il se fit dans le temps un changement favorable ; force et direction du vent, tout venait à souhait ; on épiait les signaux : à une heure l'appareillage ; deux heures après, toute la flotte était sous voiles.

Vue des hauteurs de la rade, la flotte s'éloignait dans un ordre majestueux. Au centre et sur deux lignes parallèles, l'escadre de débarquement et l'escadre de bataille, la *Provence* en tête ; à quatre milles sur la droite, l'escadre de réserve ; à quatre milles sur la gauche, le convoi ; à l'avant-garde, sept petits bateaux à vapeur ; c'était tout ce que la marine de l'avenir avait pu joindre à la marine du passé.

II

Le 26 mai, au point du jour, les vigies signalèrent à l'horizon, vers le sud-est, deux voiles qui paraissaient venir au-devant de la flotte. C'étaient deux frégates, l'une française, appartenant au blocus d'Alger, l'autre turque, portant au grand mât le pavillon amiral. Quand la première eut rallié la *Provence*, on vit le vaisseau se détacher de l'escadre de bataille, gouverner à la rencontre du bâtiment turc, échanger avec lui des saluts, puis des embarcations, chargées d'officiers, aller et venir d'un bord à l'autre ; enfin, vers le milieu du jour, les deux frégates reprendre, à travers les colonnes de la flotte, leur marche un instant suspendue vers le nord. Quelle était cette rencontre ? et que s'était-il passé à bord de la *Provence ?* Les chefs de l'expédition d'abord en gardèrent le secret. On le connut plus tard. Un des grands personnages de Constantinople, l'amiral Tahir-Pacha, envoyé par le sultan Mahmoud avec le titre de « pacificateur et conciliateur » entre les Algériens et la France, s'était présenté le 21 mai devant Alger ; poliment éconduit par le commandant du blocus, qui lui avait, d'après ses instructions, refusé le passage, il s'était décidé, puisque les relations avec le dey Hussein lui étaient interdites, à porter en France sa mission pacifique. Quand il rencontra l'armée navale, Tahir-Pacha eût bien souhaité qu'elle revînt avec lui à Toulon; mais cette satisfaction ne lui fut point donnée : on jugea que la frégate *Duchesse de Berry*, qui, depuis son apparition devant Alger, l'escortait par honneur et veillait sur lui par prudence, suffisait à tous les égards exigés par la courtoisie la plus scrupuleuse, et chacun de son côté continua sa route.

Tandis que l'amiral turc, malheureux dans ses négociations en pleine mer, débarquait à Toulon et adressait à M. de Polignac une dépêche qui ne devait pas réussir davantage, la flotte arrivait à la hauteur des îles Baléares. Le 28 mai, la mer était grosse; le convoi, composé de bâtiments d'une marche inégale, courait risque d'être dispersé; le vice-amiral Duperré lui donna pour point de ralliement la baie de Palma où la flottille de débarquement devait se trouver réunie. Le lendemain, le brick *le Rusé* rallia l'amiral; il avait quitté, le 26, la station d'Alger. Parmi les dépêches dont il était chargé, il apportait les détails d'un malheureux événement dont la première rumeur était venue par la frégate qui escortait Tahir-Pacha.

Le 15 mai, à la nuit tombante, deux bricks de la marine royale, le *Silène* et l'*Aventure*, égarés dans une brume épaisse, avaient été jetés à la côte, sous le cap Bengut, aux environs de Dellys. Malgré la mer furieuse et l'obscurité profonde, les équipages obéissants et bien commandés avaient réussi à gagner la terre. Sur deux cents hommes, un seul, quand on se compta au lever du jour, ne répondit pas à l'appel. Entourés de leurs officiers, les deux commandants Bruat et d'Assigny tinrent conseil. Les armes étaient sauves, mais la poudre était mouillée; les vivres manquaient : comment résister et comment attendre? Mieux valait se confier aux gens du pays, aux Bédouins, comme on disait alors, et se laisser par eux conduire à Alger, comme des prisonniers de guerre. A quatre heures du matin, on se mit en marche le long de la grève. Mais de toutes parts les Bédouins, ou plutôt les Kabyles, étaient accourus armés et bruyants. Il fallut, sur leur injonction menaçante, quitter le rivage et s'engager dans les montagnes; il fallut, nécessité plus douloureuse, se séparer en deux groupes, l'un qui resta dans le haut pays, l'autre qui fut ramené vers la mer.

Trois jours se passèrent dans toute l'horreur d'une captivité parmi des barbares. Tout à coup, dans la soirée du 18 mai, un bruit de canon se fit entendre. C'était une frégate française qui, ayant aperçu les deux bricks échoués, tirait afin d'écarter les Kabyles et de protéger les embarcations qu'elle envoyait en reconnaissance. Pour les prisonniers, retenus dans le voisinage de la mer, cet incident n'eut pas de suites graves. Quand les embarcations, après avoir reconnu que les bâtiments perdus étaient abandonnés, eurent viré de bord, la fureur des Kabyles, tout prêts d'abord à massacrer les captifs, s'en tint à la menace. Malheureusement, il n'en fut pas de même dans la montagne. La rumeur s'y était propagée en grandissant avec la distance. Bientôt un affreux tumulte éclata. Les malheureux Français, subitement assaillis, furent égorgés; quelques-uns seulement purent échapper à la mort. Heureusement pour le lieutenant Bruat, il avait été, quelques heures auparavant, séparé de ses compagnons pour être conduit auprès d'un officier du dey.

Le 20, ceux des captifs qui avaient été épargnés l'avant-veille furent menés à Alger; ils y arrivèren le lendemain. Sur les murs de la Kasbah, cent dix têtes étaient exposées : c'étaient celles de leurs camarades ; on les leur fit voir. Après s'être donné la jouissance de leur douleur, les janissaires les enfermèrent dans le bagne. Ils étaient quatre-vingt-six survivants qui attendaient de l'armée française leur délivrance, si elle venait assez tôt ; sinon, leur vengeance.

Elle était impatiente de les délivrer. Le 29, le vice-amiral Duperré avait envoyé à la flottille de débarquement l'ordre de quitter son mouillage et de se diriger vers la côte d'Alger. Le 31 mai, au point du jour, on aperçut, à six lieues dans le sud, le cap Caxine. Mais l'horizon se referma bientôt ; des nuages bas, chassés par un vent violent, une mer houleuse et sombre attristaient les regards. Sur un signal donné par la *Provence*, la flotte céda devant la tourmente, vira de bord, et s'éloigna dans la direction des îles Baléares. L'amiral, responsable du succès maritime, avait décidé de réunir dans la baie de Palma toutes les divisions de l'armée navale et d'y attendre, avant de se rapprocher de la côte d'Afrique, un temps plus favorable. « J'ai trouvé les éléments contraires, écrivait-il, le 2 juin, au ministre de la marine ; je n'ai pu leur opposer que des efforts humains. » Ennuyés et las d'une traversée déjà longue, quoiqu'en fait il y eût très-peu de malades, les officiers et les troupes de terre avaient peine à pardonner au chef de la flotte le nouveau délai qu'il leur faisait subir. Il ne fallut pas moins de huit jours pour rallier tous les bâtiments dispersés, réparer les avaries, renouveler la provision d'eau douce, les vivres, les fourrages. Ce retard, du moins, ne fut pas entièrement inutile.

Le 6 juin, le général en chef reçut de Tripoli, de Tunis et d'Alger des nouvelles d'une grande importance. Malgré les efforts des agents anglais, les dispositions du bey de Tunis à l'égard de la France étaient toujours, quoique timides et discrètes, au fond parfaitement favorables. Celles du bey de Tripoli étaient hostiles au contraire, mais sa mauvaise volonté s'exhalait et se perdait en paroles inutiles. Aux demandes de troupes et de secours que lui adressait le dey Hussein, il répondait que les convoitises de son redoutable voisin le pacha d'Égypte ne lui permettaient pas d'affaiblir son odjak. Après la prise d'Alger, on trouva dans l'appartement du dey, à la Kasbah, une lettre que lui avait écrite, six semaines auparavant, Yousef, fils d'Ali, pacha de Tripoli. « Si Dieu, y était-il dit, permet que Mehemet-Ali se présente, nous le recevrons à la tête de nos troupes, sans sortir toutefois des limites de nos possessions, et nous le ferons repentir de son entreprise. S'il plaît à Dieu, il retournera sur ses pas avec la honte de la défaite. Avec la grâce du Tout-Puissant, nous lui donnerons le salaire qu'il mérite par sa conduite. Les trames perfides tournent toujours contre ceux qui les ourdissent. Ce n'est pas que nous ne fussions content que Mehemet-Ali, se bornant à ses États, renonçât à ses projets de porter la guerre dans les nôtres, car nous n'avons rien de plus à cœur que d'épargner le sang des musulmans et de voir l'islamisme dans une paix complète. La guerre entre fidèles est un feu, et celui qui l'allume est du nombre des misérables. Si Votre Seigneurie désire avoir des nouvelles concernant notre personne, nous lui dirons que nous avons été fort ennuyé et fort affligé en apprenant que les Français — que Dieu fasse échouer leur entreprise! — rassemblaient leurs troupes et allaient se diriger contre votre odjak. Nous n'avons cessé d'en avoir l'esprit en peine et l'âme triste jusqu'à ce que enfin, ayant eu un entretien avec un saint, de ceux qui savent découvrir les choses les plus secrètes, — et celui-là a fait en ce genre des miracles évidents qu'il serait inutile de manifester, — je le consultai à votre sujet; il me donna une réponse favorable qui, je l'espère de la grâce de Dieu, sera plus vraie que ce que le ciseau grave sur la pierre. Sa réponse a été que les Français — que Dieu les extermine! — s'en retourneraient sans avoir obtenu aucun succès. Soyez donc libre d'inquiétude et de souci, et ne craignez, avec l'assistance de Dieu, ni malheur, ni revers, ni souillure, ni violence. Comment d'ailleurs craindriez-vous? N'êtes-vous pas de ceux que Dieu a distingués des autres par les avantages qu'il leur a accordés? Vos troupes sont nombreuses et n'ont point été rompues par le choc des ennemis; vos guerriers portent des armes qui frappent des coups redoutables et qui sont renommées dans les contrées de l'Occident. Votre cause est en même temps toute sacrée; vous ne combattez ni pour faire des profits, ni dans la vue d'aucun avantage temporel, mais uniquement pour faire régner la volonté de Dieu et sa parole. Quant à nous, nous ne sommes pas assez puissant pour vous envoyer des secours; nous ne pouvons vous aider que par de bonnes prières que nous et nos sujets adresserons à Dieu dans les mosquées. Nous nous recommandons aussi aux vôtres dans tous les instants. Dieu les exaucera par l'intercession du plus heureux des intercesseurs et du plus grand des prophètes. Nous demandons à Votre Seigneurie de nous instruire de tout ce qui arrivera; nous en attendons des nouvelles avec la plus vive impatience. Vous nous obligerez de nous faire connaître tout ce qui intéressera Votre Seigneurie. Vivez éternellement en bien, santé et satisfaction. Salut. »

Sans doute, le dey Hussein eût préféré une aide plus matérielle et des encouragements plus efficaces; cependant il ne faudrait pas croire que, sur des peuples fanatiques, l'assistance par la prière et surtout les prophéties du saint *voyant* fussent absolument sans effet. Le dey s'en servit pour échauffer le zèle et raffermir la confiance des siens; il fit dans les mosquées d'abondantes aumônes, et il commanda aux imans de prêcher la guerre sainte. Tous les habitants d'Alger, Maures ou Coulouglis, marchands et artisans, furent excités à prendre les armes; on désigna ceux qui devaient, au signal donné par le canon de la Kasbah, se porter dans les forts et dans les batteries de la côte. En même temps, des courriers allaient dans toutes les parties de la régence presser la marche des tribus arabes et kabyles vers la capitale menacée. On savait que, dès le

22 mai, le bey de Constantine s'était mis en chemin avec 13,000 hommes, que le bey d'Oran en faisait partir le double, et que le bey de Titteri avait déjà amené le meilleur de son contingent. Toutes les forces de la Régence étaient confiées à l'aga Ibrahim, gendre du dey; le khaznadj et le khodja-cavallo avaient des commandements sous ses ordres. Quoiqu'on fût à peu près certain que les Français avaient choisi la presqu'île de Sidi-Ferruch, à l'ouest d'Alger, pour y faire leur débarquement, l'aga avait établi provisoirement son quartier général au sud-est, à l'embouchure de l'Harrach, où la descente était possible; mais un gros rassemblement de troupes était déjà campé à Staouëli, dans le voisinage de Sidi-Ferruch.

C'est de ce rassemblement, dont on avait toutefois exagéré l'importance, que M. de Bourmont voulut donner connaissance à l'armée, dans une proclamation datée du 8 juin : « L'armée, que des vents contraires avaient éloignée des côtes d'Afrique, va s'en rapprocher, disait-il; impatiente de combattre, elle ne tardera pas à voir ses vœux remplis. Le général en chef vient d'apprendre que des hordes nombreuses de cavalerie irrégulière nous attendaient sur le rivage et se disposaient à couvrir leur front par des milliers de chameaux. Les soldats français ne seront pas plus étonnés par l'aspect de ces animaux qu'intimidés par le nombre de leurs ennemis. Ils auraient regretté que la victoire leur coutât trop peu d'efforts. Les souvenirs d'Héliopolis exciteront parmi eux une noble émulation. Ils se rappelleront que moins de dix mille hommes de l'armée d'Égypte triomphèrent de soixante-dix mille Turcs, plus braves et plus aguerris que ces Arabes dont ils sont les oppresseurs. »

Enfin, le 9, toute l'armée navale était ralliée et en ordre; le 10, elle avait quitté la baie de Palma et gagné la haute mer; le 12, au point du jour, elle revoyait la côte d'Afrique; elle l'entrevoyait, c'est mieux dire. L'illusion du 31 mai faillit se renouveler pour elle. Certes l'Arabe, enclin au merveilleux, pouvait bien s'imaginer que les vents et les flots conspiraient avec lui contre ses adversaires. En effet, la flotte française, assaillie par des grains subits et violents, était encore une fois repoussée vers le nord. Heureusement, vers midi, la mer parut se calmer; le temps n'était plus qu'incertain. Soucieux et taciturne, l'amiral hésitait à donner l'ordre de se rapprocher de la côte. Sur les pressantes instances du général en chef, se décida. L'ordre fut donné. Jamais signal ne fut obéi avec une plus généreuse ardeur. A quatre heures du soir on revit la terre ; la flotte diminua de voiles afin de se maintenir pendant la nuit à distance.

Le 13, au petit jour, la mer était calme, la brise faible, le ciel sans nuages ; seul, un épais rideau de brume s'étendait entre la flotte et la terre ; peu à peu la lumière se fit, le vent s'éleva, la brume éclaircie se déchira brusquement, et sur un fond de verdure sombre un triangle éclatant de blancheur apparut : c'était Alger. Ainsi frappée par les premiers rayons du soleil, on eût dit une carrière de marbre ouverte sur le flanc d'une montagne. A droite et à gauche, des collines boisées, des jardins, des cultures ; çà et là, comme des points blancs semés sous les arbres, des maisons de plaisance, des tombeaux, des santons ; sur un sommet, à gauche, un grand massif, Sultan-Kalassi, le château de l'Empereur ; au pied des collines, tout au bord de la mer et comme à perte de vue, une longue suite de murs crénelés, de forts, de batteries dont les embrasures détachées en noir pouvaient se compter une à une. L'admirable spectacle qu'Alger déployait aux regards émerveillés de nos soldats, la flotte française le rendait avec plus de magnificence encore aux habitants d'Alger. Le 1ᵉʳ juin, la flottille de débarquement s'était montrée un instant devant eux, et ils l'avaient regardée avec mépris, la prenant pour l'armée navale tout entière. Mais quand, dans cette matinée du 13 juin, la mer tout à coup leur apparut couverte de voiles, quand ils virent tous ces bâtiments de guerre, chargés de marins et de soldats, défiler successivement et lentement sous leurs yeux pendant plusieurs heures, ils sentirent la grandeur et l'imminence de la lutte qu'ils allaient avoir à soutenir. Les derniers navires de la flotte étaient encore en vue d'Alger, quand déjà les frégates d'avant-garde reconnaissaient la presqu'île de Sidi-Ferruch.

C'était, depuis les travaux du commandant Boutin, le point invariablement désigné pour le débarquement de l'armée française. Longue d'un kilomètre environ sur 500 mètres de largeur en moyenne, la presqu'île se développe entre deux baies dans la direction du nord-ouest. Sauf la masse rocheuse qui la termine et dont les écueils, émergeant çà et là, indiquent le prolongement sous-marin, le sol est bas, à peine ondulé, sablonneux et aride; vers le continent, une succession de dunes semées de broussailles aboutit insensiblement à un plateau d'un relief encore peu considérable, mais où la terre déjà meilleure nourrit une végétation moins rare.

Groupés sur la dunette du vaisseau amiral, les chefs et les états-majors de la flotte et de l'armée étudiaient et parcouraient du regard le terrain parfaitement visible et accessible de la presqu'île et de ses abords. Ils s'étonnaient de n'y point découvrir ces grands travaux de défense et ces foules armées dont on avait fait tant de bruit naguère. Ni la Torre-Chica, ni le tombeau voisin du marabout Sidi-Ferruch, placés au sommet du promontoire, n'offraient aux observateurs d'apparence guerrière, et quand ils eurent doublé la pointe nord-ouest de la presqu'île, ils virent avec surprise béantes et désarmées les embrasures d'une batterie dont le feu, disait-on, devait rendre inabordable la plage occidentale, seule favorable et seule en effet désignée pour la descente; car la baie de l'est, plus resserrée, n'y aurait pu suffire. Enfin, sur la plage même, on apercevait bien sans doute des groupes de cavaliers turcs et arabes, ceux-ci drapés dans leurs burnous blancs, ceux-là couverts de broderies éclatantes, les uns et les autres s'excitant, gesticulant, brandissant leurs armes, se lançant de toute la vitesse de leurs chevaux; mais on trouvait que sans ces brillants comparses la scène eût été trop déserte et que, somme toute, le spectacle était vraiment à souhait pour le plaisir des yeux.

C'était plus loin, hors de la presqu'île, que les officiers du dey avaient reporté et concentré leurs moyens de défense; ils avaient construit sur les monticules extérieurs quelques batteries dont le feu, dans cette première journée, fut rare et de nul effet. Avant le coucher du soleil, l'escadre de bataille, l'escadre et la flottille de débarquement, la réserve et le convoi avaient pris, dans la baie de l'ouest, en face de la plage, les places et les dispositions que le vice-amiral commandant en chef leur avait assignées. La nuit vint sans incident, et les apprêts du débarquement commencèrent.

CHAPITRE V

STAOUELI

I. Débarquement. — Premiers combats. — II. Bataille de Staouëli.

I

Le 14 juin, à deux heures du matin, les troupes de la première division, assemblées sur le pont des navires, attendaient l'ordre de descendre dans les embarcations qui devaient les conduire au rivage. Chaque homme, avec ses armes et ses munitions, emportait cinq jours de vivres. Afin d'éviter le désordre, on avait décidé que le débarquement de la division se ferait en deux fois. Trois bataillons de la brigade Poret de Morvan et trois de la brigade Achard, désignés pour le premier voyage, prirent place, compagnie par compagnie, dans quarante-huit chalands et chaloupes que s'apprêtaient à remorquer un pareil nombre de canots, armés chacun de douze rameurs, sous les ordres d'un officier de marine. D'autres chalands, chargés d'une compagnie du génie et de deux batteries de campagne, et enfin les embarcations qui portaient le général Berthezène, le général de La Hitte et les maréchaux de camp commandant les brigades, complétaient cette belle ordonnance.

A quatre heures, le capitaine de frégate qui doit diriger l'ensemble de l'opération se porte en avant et donne le signal. On part d'abord en ordre et en silence; mais aux approches de la plage, l'alignement jusque-là maintenu parmi les canots remorqueurs se dérange. C'est entre les équipages une lutte de vitesse, aux applaudissements des soldats qu'ils entraînent. Cependant, pour être un peu hâtée, la manœuvre n'est point confuse; ceux qui les premiers ont touché terre n'ont sur leurs camarades qu'une avance de quelques instants. En peu de minutes tous ont débarqué, dispos et joyeux, sans que la discipline ait reçu aucun dommage.

Tandis que les chalands de l'artillerie, halés au plus près du rivage, sont allégés de leur lourde charge, et que, faute de chevaux, les canonniers attelés aux pièces ou poussant aux roues gravissent les pentes, afin de donner aux batteries des vues sur la presqu'île, les troupes d'infanterie ralliées en compagnies, puis en bataillons, puis en brigades, attendent, formées en colonne et les armes chargées, l'ordre de marcher à la recherche de l'ennemi. En effet, il ne s'est montré nulle part; pas un coup de canon, pas un coup de fusil n'a signalé l'opération du débarquement. L'occupation de la redoute voisine de la plage, et que dès la veille on a reconnue désarmée, la prise de possession de la tour et du marabout de Sidi-Ferruch abandonnés de même ne sont pas encore des faits de guerre. Le génie seulement s'assure que la tour n'est point minée.

A cinq heures, le général Berthezène dirige ses deux brigades vers la gorge de la presqu'île. A ce moment, les premiers coups de fusil se font entendre. Ce sont des Arabes embusqués dans les broussailles qui font feu et disparaissent. Peu d'instants après, des pièces de gros calibre et des mortiers disposés par les Turcs sur un mamelon distant de douze cents mètres environ commencent à tirer sur les troupes en marche. Les douze pièces de campagne, traînées à bras entre nos colonnes d'infanterie, se portent en avant et répondent. En même temps une corvette et deux bricks, envoyés par l'amiral dans la baie de l'est, s'efforcent, par un tir en écharpe, de démonter l'artillerie turque ou de la contraindre à changer la direction de ses coups. Pendant cette canonnade, le général Berthezène, obéissant à ses instructions qui lui défendent de s'éloigner trop du point de débarquement, arrête le mouvement de ses troupes, les abrite derrière les dunes, et attend de nouveaux ordres.

Sur ces entrefaites, le général en chef, qui a pris terre vers six heures à la pointe de Torre-Chica avec tout l'état-major, arrive, un peu retardé par la difficulté d'une marche dans le sable, car pas un seul cheval n'a pu encore être débarqué. Il examine la position et donne l'ordre au général Berthezène de se porter sur les batteries ennemies dès que la seconde moitié de sa division, dont le débarquement s'apprête, aura constitué sur ses derrières une réserve suffisante. En effet, vers sept heures, tandis que la brigade Clouet, mise à terre, se forme et prend position, l'arme au pied, non loin du rivage, les deux bataillons qui appartiennent aux deux premières brigades se hâtent afin de les rejoindre. Aussitôt qu'ils ont pris leur place de bataille, le mouvement ordonné s'exécute. C'est le 1er régiment de marche, composé de deux bataillons empruntés au 2e et au 4e d'infanterie légère, qui tient la tête de la première brigade. A peine la colonne s'est-elle ébranlée qu'une masse confuse de cinq ou six cents cavaliers arabes se précipite sur elle.

Rien d'étrange comme l'aspect et de nouveau comme les allures de ces cavaliers au teint fauve, aux vêtements flottants, aux longs fusils, criant et hurlant, arrivant de toute la vitesse de leurs chevaux, debout sur les étriers, la bride au vent, les mains libres, faisant feu sans s'arrêter, puis tournant court et toujours au galop rechargeant leurs armes, puis revenant à l'attaque pour se dérober encore, et par les tours et retours de ce va-et-vient perpétuel s'efforçant d'étourdir et de déconcerter l'adversaire. Mais le sang-froid et la bonne contenance de nos tirailleurs suffisent à déjouer cette tactique; attentifs et ménageant leur feu, ils se soutiennent et s'applaudissent les uns les autres quand un cavalier atteint tombe de cheval au milieu de sa course effrénée. La charge tourbillonnante a manqué son effet; tout à coup l'ennemi a disparu, également désordonné dans la retraite et dans l'attaque. Cette première rencontre avec la cavalerie arabe a été pour nos officiers un spectacle et une leçon.

La colonne a continué sa marche. Arrivée à mille mètres du mamelon couronné par l'artillerie turque, la première brigade incline à droite afin de tourner et de prendre en flanc la position que la seconde doit directement aborder. Celle-ci, prête à former les carrés si la cavalerie revient à la charge, marche par échelons, afin de donner moins de prise au feu de l'ennemi. Il est vif, mais sans effet ; les boulets passent par-dessus nos soldats, ricochent sur le sable et se perdent dans la mer. Cependant, au moment où les deux brigades commencent à gravir, chacune de son côté, les pentes du mamelon, plusieurs coups mieux ajustés les atteignent. Ce sont les derniers. A la vue des baïonnettes, les canonniers turcs se sont soustraits aux chances d'une lutte corps à corps ; on les aperçoit mêlés aux Arabes, et fuyant en désordre vers le groupe de hauts palmiers qui signale de loin le plateau de Staouëli. Telle a été la promptitude de leur retraite qu'ils n'ont pas pris le temps d'enclouer leurs pièces. Douze canons de fonte et deux mortiers de bronze, avec une grande quantité d'approvisionnements, pourront entre nos mains servir à de prochains avantages. Ce premier succès n'a point été payé trop cher ; trente-deux hommes seulement ont été tués ou blessés ; mais déjà l'on a vu l'odieux acharnement de ces barbares sur les morts. Un lieutenant et quelques soldats d'infanterie légère se sont emportés à la poursuite de l'ennemi ; des cavaliers arabes les ont surpris, en ont tué deux et les ont décapités; quant à l'officier, ils lui ont coupé les mains, les pieds et la tête.

Cependant, au bruit du canon, la marine infatigable continuait le débarquement des troupes. La brigade Clouet d'abord, puis la deuxième division tout entière venaient rejoindre, en avant de la position conquise, les brigades qui avaient combattu. Un peu après midi, la troisième division prenait terre à son tour, mais elle était retenue dans la presqu'île même. Les ingénieurs géographes, débarqués avec la deuxième division, s'étaient occupés aussitôt de faire le levé du terrain; puis le général Valazé était venu reconnaître et faire tracer sous ses yeux une ligne bastionnée qui, fermant d'une baie à l'autre la gorge de la presqu'île, allait faire de cette langue de sable un camp retranché et une place de dépôt. Le général en chef avait pris pour quartier général la position dominante occupée par la tour et le marabout de Sidi-Ferruch. Au-dessous et aux alentours, les différents services de l'armée, l'administration pour ses magasins, ses hôpitaux, ses fours, l'artillerie et le génie pour leurs parcs, s'étaient partagé le terrain et s'entre-aidaient dans le meilleur accord. On craignait le manque d'eau sur cette terre aride; grâce aux mineurs, on en eut partout; en creusant le sable à moins de cinq mètres, ils avaient rencontré une nappe suffisamment douce.

La nuit approchait. La troisième division, à l'exception d'un régiment placé au delà du tracé de la fortification, avait ses bivacs dans l'intérieur de la presqu'île. Ceux des divisions Berthezène et Loverdo restaient dans les positions qu'elles occupaient depuis le matin, c'est-à-dire à plus d'un kilomètre vers le sud-est. Elles décrivaient un arc de cercle dont le développement toutefois n'était pas assez considérable pour atteindre de ses extrémités en retraite la mer de part et d'autre. Il y avait de chaque côté des espaces ouverts par où les Arabes pouvaient se glisser en arrière des troupes. Déjà dans la soirée ils étaient venus en assez grand nombre tirailler contre les avant-postes du 28ᵉ de ligne, dont le flanc gauche était à découvert.

Cette nuit qui venait rapidement, ce bivac en pleine campagne sur une terre et sous un ciel inconnus, cet ennemi qu'on sentait tout près de soi, rôdant et épiant, et dont l'adresse, les ruses, l'agilité et surtout l'habileté à couper les têtes faisaient l'unique objet des réflexions qui s'échangeaient autour des feux à voix basse, tout contribuait à tenir éveillée chez des hommes déjà surexcités par la chaleur, les fatigues et les émotions de cette première journée de guerre, une sorte d'attente fiévreuse. Le sommeil profond et réparateur dont ils avaient besoin ne venait pas. Vers deux heures du matin, un cheval échappé passa au galop devant la gauche de la première division. A ce bruit et croyant à l'approche des Arabes, une sentinelle fit feu en criant : Aux armes ! Aussitôt les bataillons voisins se précipitèrent sur les faisceaux et se mirent à tirer dans l'ombre, au hasard et sans ordre. De proche en proche, avec une rapidité incroyable, l'alarme se propagea jusqu'aux corps de la droite. Pendant plus d'un quart d'heure, ce fut sur toute la ligne une fusillade incessante. En vain les officiers se perdaient en efforts isolés pour ramener l'ordre et le calme parmi leurs soldats; le bruit et l'obscurité les empêchaient de se faire voir et entendre. Enfin un chef de bataillon commanda un roulement de tambours; à ce signal bien connu du soldat, le feu cessa dans sa troupe; de proche en proche l'apaisement se fit comme s'était fait le tumulte. On envoya des reconnaissances qui revinrent, sans avoir nulle part découvert l'ennemi. Cette panique, dont les effets auraient pu être désastreux, coûta la vie à quatre hommes seulement et des blessures plus ou moins graves à une dizaine d'autres.

Au petit jour, les Arabes reparurent, d'abord vers l'extrême gauche, où le 28e, placé en l'air, donnait le plus de prise à leurs attaques; peu à peu tous les avant-postes jusqu'à la droite se trouvèrent engagés. Comme une partie des chevaux de l'artillerie avait pu être débarquée la veille, le général de La Hitte envoya sur les points les plus menacés des obusiers de montagne dont les projectiles, éclatant au milieu des groupes d'Arabes, les eurent promptement dispersés. La longue portée des fusils de rempart décida la retraite de ceux qui croyaient s'être mis à couvert du feu de l'artillerie. Dès neuf heures, l'escarmouche avait pris fin.

La journée du 15 put être employée, sans distraction, au débarquement du matériel. Toutes les voitures des batteries de campagne et la portion de l'équipage de siége spécialement destinée à réduire le château de l'Empereur furent mises à terre. Le général Valazé reçut les outils qu'il attendait avec impatience pour pousser avec activité le retranchement de la presqu'île. En même temps il mettait à la disposition de l'intendant en chef des ouvriers du génie pour hâter l'installation des fours en tôle ou en brique de la manutention; car il était urgent de remplacer par des distributions de pain le biscuit auquel les troupes de terre avaient peine à s'habituer. Enfin des corvées de marins et de soldats ne cessaient de transporter et de distribuer, dans les divers emplacements signalés par des fanions de couleur différente, le matériel immense et varié des services administratifs.

La nuit du 15 au 16 se passa tranquillement. L'incident fâcheux du premier bivouac avait servi de leçon aux officiers comme aux soldats, et toutes les précautions étaient prises afin qu'un pareil désordre ne se renouvelât plus. S'il eût été possible de donner aux troupes un abri, leur repos eût été complet; mais les tentes ne pouvaient pas leur être distribuées encore; et il leur fallait, par une rude expérience, s'acclimater à ces nuits d'Afrique plus humides et plus froides qu'elles n'avaient voulu le croire. Sous cette latitude, l'état du ciel, comme la température, subissait non plus des variations, mais des révolutions brusques, violentes, extrêmes.

Le 16, le jour avait ramené l'escarmouche

habituelle, les petits combats d'avant-postes, la chaleur accablante. Tout à coup, vers neuf heures, le soleil disparut; une nuée sombre, épaisse, rapide, déchirée par la foudre, envahissait le ciel. Des rafales du nord-ouest, courtes et intermittentes, passaient brusquement sur la mer. Ailleurs c'eût été la tempête : c'était seulement ici l'annonce de la tempête. Elle vint, d'une violence à défier toute peinture. Comment rendre le bouleversement de la mer? Par un simple détail du métier, un marin seul en a pu noter l'horreur. « En un instant, a dit l'amiral Duperré, la mer est devenue monstrueuse; les lames creusaient à un tel point qu'un navire du convoi tirant treize pieds et mouillé par vingt a talonné et démonté son gouvernail. Si le temps se fût prolongé deux heures de plus, ajoutait l'amiral, la flotte était menacée d'une destruction peut-être totale... La leçon a été effrayante pour tout le monde, à terre comme à la mer. »

La flotte portait tous les moyens de combattre et de vivre : ce qu'elle en avait débarqué n'était encore que peu de chose; si elle eût péri, que serait-il arrivé des troupes? Après l'expédition d'Égypte, c'était l'expédition de Charles-Quint qui, pour les chefs et les officiers de la jeune armée d'Afrique, était le plus fréquent sujet de leurs méditations ou de leurs entretiens. Ce jour-là, Charles-Quint seul occupa les esprits, car on frémissait sous la menace d'une catastrophe pareille à la sienne. Grâce aux progrès des temps, nos marins avaient plus d'expérience, nos navires plus de solidité. Ce furent les plus petits, ceux qui rappelaient le plus les formes du seizième siècle, qui souffrirent davantage. En même temps qu'elle causait moins de ravage dans une marine mieux construite, la tempête faisait ressortir les ressources et les procédés meilleurs de l'intelligence humaine. Ce n'était pas sans raison que l'intendant en chef Denniée avait enfermé son matériel dans des enveloppes doubles et imperméables ; on vit dans l'ouragan du 16 juin combien l'effet de sa prévoyance était juste et pratique. « Les embarcations de vivres, a-t-il dit lui-même, luttant contre la lame, disparaissaient bientôt sous les flots. C'est alors que, lancés à la mer avec une incroyable célérité, les caisses de biscuit, les tonneaux de vin, d'eau-de-vie, de farine, de légumes, les balles de foin, les sacs d'orge et d'avoine, vomis avec la vague, venaient échouer sur le rivage. L'aspect de la plage offrait le plus sinistre spectacle : tout était désordre et confusion, et cependant, avant la fin du troisième jour, les approvisionnements dont le rivage avait été jonché sur une étendue de plus de deux mille toises étaient classés en ordre dans l'enceinte du camp retranché. »

A midi, le vent avait sauté à l'est et le ciel s'était éclairci. La masse d'eau qu'une pluie torrentielle avait déversée sur la presqu'île avec une telle violence que le sable même n'avait pu l'absorber, commençait à s'évaporer sous les rayons d'un soleil ardent. Les troupes rétablissaient le mieux qu'elles pouvaient leurs installations inondées et se hâtaient de remettre leurs armes en état; mais l'ennemi avait sans doute aussi à réparer ses dommages; il ne reparut pas. Le soir, une distribution de vin, la première qu'il eût été possible de faire encore, vint à propos ramener la bonne humeur dans les bivouacs.

Sauf la tiraillerie accoutumée du côté des avant-postes, la journée du 17 fut tranquille. Dans la soirée, un vieil Arabe se présenta, demandant à parler au général en chef. On crut d'abord qu'il avait une mission du dey Hussein; mais il affirma qu'il n'était venu que par l'inspiration de Dieu, afin de rétablir la paix entre les Français et les Arabes. Il fut bien traité d'ailleurs, et quand il s'en retourna, on le chargea de répandre parmi ses coreligionnaires des proclamations amicales et tout à fait conformes aux sentiments dont il se disait pénétré. En même temps, un des interprètes de l'armée, Africain d'origine, s'offrait de lui-même pour faire connaître aux tribus indigènes et aux habitants d'Alger les dispositions conciliantes des Français. On hésitait à le laisser partir, car il allait évidemment à la mort; mais il répondit simplement qu'il était vieux, que sa vie avait peu de valeur, qu'ayant reçu des Français une hospitalité généreuse, il désirait depuis longtemps leur prouver sa reconnaissance. Il partit, on ne le revit plus. Après la prise d'Alger, on sut que, trahi par des Arabes auxquels il s'était confié, il avait eu la tête tranchée sous les yeux du dey Hussein. Le noble et simple dévouement de cet étranger, serviteur de la France, méritait de n'être point oublié dans ce récit d'une expédition française.

Tandis que les deux premières divisions se tenaient dans leurs bivouacs, attentives, mais de sang-froid, et déjà familières avec les allures de l'ennemi, les troupes du génie, aidées de travailleurs empruntés à la troisième division, achevaient le retranchement bastionné qui fermait la presqu'île, et ouvraient depuis le quartier général jusqu'aux avant-postes une route carrossable de dix mètres de largeur. De leur côté, les Turcs paraissaient faire, en avant du plateau de Staouëli, des travaux d'une certaine importance ; on apercevait des épaulements, des levées de terre, des ouvrages de campagne. Il y avait là, sur ce plateau, un camp dont les proportions grandissaient tous les jours ; au-dessus des tentes arabes basses et dissimulées au milieu des broussailles, trois ou quatre grands pavillons se dressaient évidemment pour les chefs turcs.

Dans la journée du 18 juin, de gros nuages de poussière signalèrent l'arrivée de fortes colonnes mêlées de cavaliers et de fantassins. Vers le soir, cinq Arabes se présentèrent aux avant-postes de la brigade Monk d'Uzer, à la droite de la ligne. Le principal d'entre eux, qui était un cheik des environs de Bougie, se dit envoyé pour traiter au nom de sa tribu et des tribus voisines, toutes prêtes à se retirer dans leurs montagnes, affirmait-il, si les Français prenaient l'engagement de respecter leur religion, leurs femmes et leurs troupeaux. Sans ajouter beaucoup de foi à ses promesses, on lui fit une réponse favorable. Ce chef et ses compagnons ne firent d'ailleurs aucune difficulté de donner au général de Loverdo, sur les dispositions des Turcs, des renseignements détaillés et précis dont la journée du lendemain démontra l'exactitude. Après le premier émoi causé par le débarquement des Français, leur immobilité depuis le combat du 14 avait rendu confiance aux chefs de l'armée turque; ils étaient persuadés que la crainte seule retenait leur ennemi sous le canon de la flotte, et que si le dey voulait l'exterminer avant qu'il se rembarquât, il n'y avait pas de temps à perdre. Aussi l'aga Ibrahim avait-il appelé au camp de Staouëli toutes les forces dont il pouvait disposer : cinq mille janissaires, autant de Coulouglis et environ dix mille Maures d'Alger, trente mille Arabes des contingents amenés par les beys de Titteri et de Constantine en personne et par le khalifa du bey d'Oran; enfin huit ou dix mille de ces Kabyles indociles aux Turcs, mais que les présents du dey, l'appât du gain et la promesse du pillage avaient tirés de leurs montagnes. C'était donc une masse de soixante mille hommes environ que l'aga Ibrahim se préparait à lancer contre les lignes françaises.

Les positions prises, le 14, par les généraux Berthezène et Loverdo n'avaient pas été sensiblement modifiées : à gauche et au centre, les trois brigades de la première division ; à droite, les deux premières brigades de la division Loverdo. C'était le 28° de ligne, de la brigade Clouet, qui tenait l'extrême gauche ; il occupait un mamelon peu élevé, découvert, et séparé des dunes qui longent la baie de l'est par une trouée large de quatre à cinq cents mètres. A droite de ce régiment, un peu en arrière, était placé son compagnon de brigade, le 20°. Plus à droite encore, mais à la hauteur du 28°, se développaient les bivouacs du 37° et du 14°, qui formaient la brigade Achard. Afin de couvrir et d'assurer leurs avant-postes, ces deux régiments avaient fait quelques travaux de terrassement au sommet du mamelon qu'ils occupaient. C'était par des travaux du même genre que leurs voisins de droite, le 3° de ligne et le 1ᵉʳ régiment de marche de la brigade Poret de Morvan, s'étaient protégés contre le feu de l'ennemi. Cette brigade, placée au centre, coupait en deux parties à peu près égales la courbe saillante que décrivait la ligne française. A partir de ce point, les positions occupées par les deux brigades de droite, appartenant à la deuxième division, s'infléchissaient vers le sud-ouest. C'était aussi à partir de ce point que les mouvements de terrain, jusque-là peu considérables, s'accusaient davantage. Ainsi le 49° et le 6° de la brigade Damrémont, qui se reliait par sa gauche aux troupes du général Poret de Morvan, étaient dominés parallèlement à leur front par une longue colline aux pentes abruptes, et qui se terminait brusquement au sud par un ravin au fond duquel coulait un ruisseau nommé Oued-Bridja. A mille mètres environ de son embouchure, ce ruisseau, dont la direction générale est de l'est à l'ouest, contournait l'extrémité des hauteurs boisées qui formaient sa rive gauche, et après avoir reçu de ce côté les eaux d'un affluent peu considérable, reprenait, en faisant un coude marqué, presque à angle droit, sa direction vers la mer. C'était dans ce coude qu'étaient placés le 48° et le 15° de la brigade Monk d'Uzer, qui tenait l'extrême droite de la ligne française. Cette brigade avait donc l'avantage d'être couverte sur son front et sur son flanc par l'Oued-Bridja; mais depuis les bivouacs du 15° jusqu'à la mer, sur une étendue de près de huit cents mètres, un facile passage serait resté absolument ouvert à l'ennemi, si le général en chef n'avait eu le soin de faire mettre en position, sur la rive droite du ruisseau, les six obusiers de la batterie de mon tagne, qui commandaient sur l'autre rive un vaste espace découvert. Tout le reste de l'artillerie, les fusées de guerre et les fusils de rempart étaient distribués sur les points culminants devant le front des bivouacs. Enfin la brigade Collomb d'Arcine, détachée de la division Loverdo pour former la réserve, était placée, non pas derrière le centre de la ligne, mais tout à l'extrême gauche, en arrière et à l'issue de la trouée qui s'ouvrait entre la brigade Clouet et la mer. Au total, les deux divisions, avec l'artillerie qui les appuyait, étaient prêtes à mettre en ligne vingt mille combattants.

II.

Le 19 juin, au point du jour, une nuée de tirailleurs arabes, infiniment plus nombreux qu'on ne les avait encore vus, et favorisés par un épais brouillard, ouvrit le feu sur toute la ligne de nos avant-postes. Derrière ces tirailleurs, on ne tarda pas à apercevoir, à travers la brume, deux fortes colonnes mêlées d'infanterie et de cavalerie, dont la marche divergente indiquait évidemment l'intention d'attaquer et de tourner, s'il était possible, l'armée française par ses deux ailes. La colonne de gauche, dirigée contre notre aile droite, se composait de mille janissaires, de six mille Kabyles et de vingt mille hommes environ des contingents de Constantine et d'Oran, sous les ordres du bey de Constantine. Après avoir suivi la rive droite de l'Oued-Bridja jusqu'au pied de la longue colline qui dominait les bivouacs de la brigade Damrémont, le bey détacha sur sa droite deux ou trois mille hommes pour occuper cette colline, tandis que le gros de ses forces, passant sur la rive gauche du ruisseau, se prolongeait vers son embouchure, afin de déborder les positions occupées par la brigade Monk d'Uzer. C'était surtout contre la batterie de montagne, placée à notre extrême droite, que l'ennemi avait résolu de porter son principal effort. Pendant que les Kabyles, rampant à travers les broussailles jusqu'au bord du ravin, se dressaient tout à coup devant les avant-postes du 48°, les janissaires et les Arabes s'élançaient hardiment à découvert, franchissaient le ruisseau sous le feu de l'artillerie, et s'efforçaient par une vive fusillade d'empêcher les servants de recharger leurs pièces. Ils n'y réussirent pas; une salve à bout portant dans la masse pressée y fit d'effroyables ravages, et les baïonnettes du 15ᵉ de ligne aidant, la colonne mutilée du bey de Constantine fut rejetée au delà de l'Oued-Bridja. Déjà les Kabyles, contenus par les voltigeurs du 48ᵉ, étaient rentrés dans leurs broussailles. Quant au détachement qui s'était porté sur la colline en face de la brigade Damrémont, il avait donné à nos soldats le spectacle d'une agitation plus singulière qu'inquiétante. Des cavaliers, courant çà et là, plantaient en terre de petits drapeaux autour desquels les gens de pied se groupaient pour fournir leur feu, après quoi les cavaliers reprenaient leurs guidons qu'ils allaient planter ailleurs.

Sans doute le bey de Constantine s'était flatté de réussir par surprise; mais ce n'était pas de ce côté que l'attaque des Turcs devait être la plus sérieuse. Ils avaient bien reconnu la position défectueuse de notre gauche qui n'était ni couverte ni appuyée; c'était contre elle que s'étaient portées les meilleures troupes de la Régence, la plus grande partie des janissaires, les Coulouglis, les Maures, le contingent du bey de Titteri, et c'était l'aga Ibrahim qui avait pris lui-même le commandement de cette colonne.

La veille au soir, le général Berthezène, justement préoccupé de ce grand vide qui séparait son extrême gauche de la mer, avait donné l'ordre au colonel du 28° de s'étendre jusqu'aux dunes, de les occuper et de les relier par une série de grands postes à la ligne de bataille. Cinq compagnies du premier bataillon avaient été placées aux points que le colonel jugeait les plus importants à garder, les trois autres demeurant en réserve. Mais, dans la nuit, le général en chef avait jugé la position défectueuse, et pour donner à sa gauche une meilleure assiette, il avait prescrit à toute la brigade Clouet un mouvement en arrière. Le 19, à quatre heures et demie du matin, ce mouvement commençait à s'exécuter. A peine les compagnies disséminées, qui de troupes d'avant-poste étaient devenues troupes d'arrière-garde, avaient-elles marché l'espace de quatre ou cinq cents pas, qu'en un instant elles se trouvèrent assaillies et enveloppées. Embusqués dans les buissons, dans les moindres plis de terrain, entre les dunes et la mer, de toute part les Arabes surgissaient. Cependant, par un vigoureux effort, mais non sans pertes douloureuses, les compagnies s'étaient frayé un passage et repliées sur la réserve. C'était beaucoup pour le bataillon d'avoir pu se rallier; toutefois l'attaque

incessante qu'il avait à soutenir ne lui permettait
ni de choisir son terrain ni de se reformer solidement. Isolé, cerné, perdu dans ce fond, au plus
épais du brouillard, il faisait de son mieux, attendant d'être secouru. Mais le second bataillon du
28° et les deux du 20° étaient loin sur la droite,
et d'ailleurs ils avaient pour leur compte de rudes
adversaires à contenir. Plusieurs fois les voltigeurs
du 20° eurent à lutter corps à corps pour dégager
les deux obusiers qui couvraient le front du régiment. Ainsi, de ce côté, le 1ᵉʳ bataillon du 28°
avait peu de chance d'être soutenu. A chaque
instant le danger pour lui devenait plus pressant.
Aux Arabes qui l'avaient d'abord assailli s'étaient
joints les chefs turcs et les plus vigoureux des
janissaires. Encore un assaut, et la petite troupe
française emportée par le choc, écrasée sous le
nombre, allait disparaître, et par la trouée désormais ouverte, sans obstacle, la colonne d'Ibrahim
allait comme un torrent, à flots pressés, déborder
dans la plaine et couper les communications de
l'armée française avec la presqu'île. Sous l'effort
incessant de la foule armée qui l'entourait, le
bataillon français s'était disjoint; dès qu'une brèche était ouverte, cavaliers et fantassins s'y pré-
cipitaient et l'élargissaient; des groupes de com-

battants étaient ainsi séparés, entraînés, poussés hors de l'action. Tout à coup, un cri se fit entendre : Au drapeau ! A cet appel, éclatant au milieu du tumulte, les braves répondirent, et, perçant de toutes parts à travers la mêlée, ils réussirent à rejoindre le fragment du bataillon qui tenait ferme autour du colonel.

En arrière de la trouée où le bataillon du 28ᵉ usait ses dernières forces, la brigade de réserve, heureusement placée à l'extrême gauche, écoutait, sans en comprendre toute la gravité, le bruit du combat qui se livrait en avant d'elle. La brume encore épaisse ne permettait pas d'en discerner les incidents; cependant de moment en moment la fusillade se faisait mieux entendre; les cris sauvages des assaillants devenaient plus distincts; évidemment le combat se rapprochait. Frappé de ces symptômes, le général Collomb d'Arcine court au colonel du 29ᵉ, lui donne l'ordre de marcher avec tout son monde, et sans plus attendre, enlevant au pas de course les voltigeurs du premier bataillon, il les guide lui-même vers le lieu du combat. A la vue de ce renfort et à la voix du général, les hommes du 28ᵉ, qui se repliaient en désordre, s'arrêtent, reviennent sur leurs pas et reprennent l'offensive. Surpris par ce brusque retour, les Turcs et les Arabes hésitent. Le général d'Arcine ne leur donne pas le temps de se reconnaître ; le 29⁰ a bientôt rejoint ses voltigeurs ; à peine dégagé, le bataillon du 28⁰ a reformé sa ligne ; les tambours battent la charge ; on s'élance, la baïonnette en avant. L'ennemi cède du terrain ; le mouvement s'accélère ; les Arabes tantôt victorieux ne tiennent plus ; culbutés, ils fuient dans toutes les directions. Les bricks français embossés dans la baie de l'est, et qui d'abord n'avaient osé faire usage de leur artillerie, craignant d'atteindre les Français, ouvrent sur les fuyards qui se précipitent entre les dunes et la mer un feu qui hâte encore la déroute. En quelques minutes tout l'aspect du combat est changé. En voyant les progrès rapides de l'extrême gauche, le général Clouet lance en avant le second bataillon du 28⁰ et tout le 20⁰. La même ardeur se communique à la brigade Achard.

Attaqués d'abord avec fureur, les avant-postes du 37⁰ n'avaient pu, leurs munitions étant épuisées, conserver les épaulements et les flèches qui les couvraient. On avait vu des cavaliers turcs enlever leurs chevaux par-dessus les parapets et s'engager corps à corps avec les tirailleurs. Les grenadiers du 14°, plus heureux, s'étaient maintenus avec avantage derrière leurs retranchements. Leur feu sagement ménagé avait rompu, par une décharge meurtrière, la tentative d'assaut que l'ennemi avait dirigée contre eux. A cette vue, le 37° n'avait pas voulu demeurer sous le coup d'un échec. Le régiment entier s'était porté en avant pour reconquérir le terrain perdu par ses avant-postes. Les compagnies d'élite s'élancent sur les retranchements conquis par les Turcs. Ceux-ci les attendent de pied ferme, soutiennent bravement l'attaque à la baïonnette, et s'ils finissent par céder le terrain, c'est en le défendant pied à pied. Ici leur retraite lente et disputée n'est pas une déroute. La brigade Achard a donc gardé ou reconquis ses positions; c'est à ce moment que l'offensive reprise par l'extrême gauche dessine son mouvement de plus en plus rapide. L'ardeur de la poursuite emporte la brigade Clouet; elle a déjà dépassé de beaucoup les lignes qu'elle occupait le matin. L'exemple et la nécessité de la soutenir aidant, le général Achard satisfait au vœu de sa brigade en la portant vers le mamelon qui s'élève en face de lui et sur lequel l'ennemi repoussé sans trop de désordre s'est replié; on ne lui laisse pas le temps de s'y affermir;

on l'y attaque; on l'en débusque. Il met moins d'ardeur à se défendre qu'il n'en mettait, une heure auparavant, à se jeter sur les positions des Français. Au centre de la ligne, la brigade Poret de Morvan, qui n'a guère subi, l'action principale se passant sur les ailes, que les faibles démonstrations des tirailleurs arabes, suit le mouvement de la brigade Achard et gagne du terrain, mais plus lentement, car il importe de ne point ouvrir entre le centre et la droite, encore immobile, un intervalle trop considérable.

Enfin, le général de Loverdo, qui depuis l'attaque du bey de Constantine est resté sur la défensive, donne à ses deux brigades l'ordre d'appuyer le mouvement de la première division. La brigade Damrémont quitte le mamelon qu'elle a occupé jusqu'alors et gravit les pentes de la colline opposée. Débusqués par les voltigeurs du 6° et du 49° qui fouillent avec soin les broussailles, les tirailleurs arabes et kabyles se retirent à la hâte et cherchent un nouvel abri dans le ravin de l'Oued-Bridja. Serrés de près et pourchassés de nouveau, ils traversent le ruisseau et tentent de s'établir sur la hauteur boisée qui fait promontoire entre l'Oued-Bridja et son affluent de gauche. Le premier bataillon du 6° les y poursuit encore.

Menacés d'être coupés dans leur retraite sur Staouëli, ils s'éparpillent en désordre, dans un terrain difficile et inconnu pour le plus grand nombre; c'est ainsi qu'en croyant échapper au péril, une foule de fuyards viennent se jeter sur les baïonnettes françaises.

Cette vive poursuite avait emporté loin sur la droite le premier bataillon du 6ᵉ; le général Damrémont le rappelle; mais avant qu'il ait rejoint et repris sa place de bataille, le gros de la brigade est obligé de ralentir sa marche et de retarder d'autant celle de la brigade Monk d'Uzer. Celle-ci, remontant la rive droite de l'Oued-Bridja, fouillait tous les recoins d'un pays raviné, où beaucoup d'Arabes, débordés par le mouvement du 6ᵉ, avaient cherché un refuge. Une autre cause de retard, c'était la batterie de montagne que les artilleurs étaient obligés de traîner à la bricole, les mulets n'étant point encore débarqués; il fallait transporter les caisses de munitions à dos d'homme. Cependant la brigade Damrémont avait fait halte au sommet de la longue colline d'abord occupée par l'ennemi; la droite de ses tirailleurs s'étendait sur la pente méridionale jusqu'à la ferme Haouch-Bridja.

Au lieu de dessiner, comme le matin, un arc

de cercle saillant au milieu, la ligne française se développait obliquement du nord-est au sud-ouest, la gauche en avant et de moitié plus rapprochée du camp de Staouëli que n'était la droite. Tandis que l'infanterie prenait quelque repos en attendant de nouveaux ordres, l'artillerie, mise en batterie sur le front de la ligne, ouvrait le feu sur les nouvelles positions prises par l'ennemi. En effet, au lieu de se retirer comme décidément battu, l'aga Ibrahim avait rallié son monde, réuni ses deux colonnes, et les avait rangées en avant de son camp, le centre couvert par des batteries armées de pièces de position. La brume qui avait, dans les premières heures du jour, couvert le champ de bataille et contribué à la surprise dont le 1er bataillon du 28e avait failli être victime, s'était dissipée. On voyait distinctement les dispositions de l'ennemi, les guidons autour desquels étaient groupés les gens de pied, les costumes éclatants des officiers turcs et les masses blanches des cavaliers arabes.

Il était sept heures. Jusqu'à ce moment, à vrai dire, l'armée française s'était battue sans direction générale. En refoulant l'ennemi après avoir subi et repoussé son attaque, toute la ligne n'avait fait que suivre, d'un mouvement spontané, l'élan offensif qu'avait pris si rapidement la gauche. Du quartier général de Sidi-Ferruch, le comte de Bourmont avait entendu le bruit du combat sans y attacher d'abord plus d'importance qu'aux escarmouches qui avaient occupé toutes les matinées précédentes ; cependant la persistance et l'intensité de la fusillade et de la canonnade lui donnant lieu de penser que l'affaire était plus grave que d'habitude, il avait fait prendre les armes à la première brigade de la troisième division, postée au delà du retranchement de la presqu'île. Un peu plus tard, quand des avis certains lui furent parvenus, il monta à cheval, escorté d'un détachement de vingt-cinq chasseurs : c'était toute la cavalerie dont il pouvait disposer. En passant, il donna au duc Des Cars l'ordre de porter en avant, pour servir de réserve aux troupes combattantes, la première brigade de sa division, d'établir la seconde à la place de la première, et de tenir la troisième sous les armes, dans l'intérieur du camp retranché.

A son arrivée sur le champ de bataille, le général en chef se rendit promptement compte de la situation des deux armées. De part et d'autre, Turcs et Français n'attendaient que le moment de recommencer la lutte. Cependant le général hésitait à poursuivre et à compléter l'avantage évidemment acquis à ses troupes. De graves considérations l'arrêtaient. Avant d'engager l'armée sur la route qui avait pour terme le château de l'Empereur, il fallait qu'elle fût en possession de tous ses moyens de combattre et de vivre ; or elle ne pouvait vivre et combattre encore que dans le voisinage immédiat de la flotte. L'artillerie de campagne seule avait ses attelages ; on voyait les peines infinies que donnait la batterie de montagne privée de ses mulets, et l'effet médiocre que faisait, à la suite de l'état-major, la cavalerie de l'armée réduite à vingt-cinq chasseurs. C'était seulement de la veille que la division du convoi qui portait tous les chevaux de l'équipage de siége, les trois quarts de ceux de l'administration et les deux tiers de ceux du génie, avait dû quitter le mouillage de Palma ; quel jour arriverait-elle ? Retard pour retard, mieux valait l'attente, non point inactive et désœuvrée, à Sidi-Ferruch, que l'immobilité forcée, décourageante et désespérante, sous les murs d'Alger.

Au gré du général en chef, il eût été préférable que l'armée fût demeurée dans ses premiers bivouacs ; mais comme il lui eût été trop pénible de rétrograder, le comte de Bourmont concluait à la laisser purement et simplement établie dans les positions qu'elle venait de conquérir. Tel n'était pas l'avis du général Berthezène. La nouvelle ligne, disait-il, ne valait pas à beaucoup près celle qu'on avait abandonnée le matin. En effet, le plateau de Staouëli commandait les hauteurs où les troupes s'étaient provisoirement arrêtées pour reprendre haleine, et ce n'était que sur le plateau de Staouëli définitivement enlevé aux Turcs qu'elles devaient trouver la satisfaction d'une victoire complète et la sécurité d'un établissement solide, facile à défendre, pas trop éloigné de la flotte et d'une parfaite convenance avec les sages et judicieuses préoccupations du général en chef.

Pendant cette délibération, le feu des Turcs était devenu plus vif; il paraissait de plus en plus probable que si les Français ne les prévenaient pas, ils ne tarderaient point à faire une nouvelle attaque. Or, il n'était pas bon, surtout avec de jeunes troupes, de laisser à l'ennemi, deux fois dans la même journée, l'avantage de l'offensive. Les raisons du général Berthezène et le spectacle qu'il avait sous les yeux décidèrent le comte de Bourmont. Soucieux avant tout de maintenir et d'assurer les communications de l'armée avec la flotte, il prescrivit au général Valazé de faire continuer et pousser immédiatement à la suite des troupes la route que le génie avait ouverte du quartier général aux anciens avant-postes, et à l'intendant en chef de réunir tous ses moyens de transport, d'atteler tous ses fourgons de munitions et de vivres de telle sorte qu'ils fussent en état d'arriver le soir même à Staouëli par la voie que leur allait faire le général Valazé.

Ces précautions prises, le général en chef rendit disponible la brigade Collomb d'Arcine, qui était remplacée comme réserve par la première brigade de la troisième division; mais au lieu de renvoyer le général d'Arcine à sa place naturelle dans la division Loverdo, il le laissa à l'extrême gauche où il était placé, aux ordres et sous la main du général Berthezène.

Le projet du comte de Bourmont était de faire par son aile droite un grand mouvement de conversion qui, prenant en flanc l'armée turque, refoulerait la gauche sur le centre, le centre sur la droite, expulserait l'ennemi de son camp, couperait sa ligne de retraite sur Alger et finirait par acculer toute sa masse à la mer. Les ordres avaient été promptement donnés et transmis; les régiments se formaient en colonne serrée par division, ceux du centre attendant, pour s'ébranler, que les échelons de la droite eussent prononcé leur mouvement dans le flanc de l'ennemi. Cependant le temps se passait, et l'on ne voyait, ni n'entendait rien ; l'attitude des Turcs vers leur gauche ne trahissait aucune inquiétude. Évidemment des causes dont on ne pouvait se rendre compte avaient retardé la marche de la division Loverdo. En effet, il y avait eu pour elle, sans compter les malentendus [1], une difficulté réelle à manœuvrer rapidement dans un terrain coupé, raviné, où les broussailles étaient inextricables. C'était ainsi que le 15°, qui aurait dû former le premier échelon de la brigade Monk d'Uzer, se trouvait engagé dans le ravin de l'Oued-Bridja, en arrière du 48°, et qu'il fallut laisser ce dernier régiment prendre la tête de la brigade.

Quoi qu'il en soit, la prompte exécution sur

---

[1] Pour justifier le retard de sa division, le général de Loverdo a dit et fait dire qu'il n'avait pas reçu en temps utile l'ordre définitif de marcher en avant.

En 1828, le général de Loverdo avait présidé une haute commission chargée d'étudier le projet d'une expédition militaire contre Alger ; en 1830, il avait prétendu au commandement de l'armée expéditionnaire. Il n'aimait pas M. de Bourmont. C'est le pareil défaut de sympathie que nous avons eu l'occasion et l'obligation de noter entre M. de Bourmont et le vice-amiral Duperré. Il y a ainsi de ces nuances dont il importe de tenir grand compte, selon le précepte de Sainte-Beuve, quand on doit mettre en scène les événements et les hommes.

laquelle avait compté, pour le succès de son plan, le général en chef, n'était plus possible ; il modifia sur-le-champ ses dispositions, et prescrivit à toutes les colonnes, au lieu d'un mouvement tournant et successif, une marche convergente sur le camp de Staouëli. Du haut du mamelon où s'était massée, à la jonction du centre et de la gauche, la brigade Achard, le général en chef donna le signal de l'attaque. C'était le point le plus rapproché du camp des Turcs et tout à fait sous le feu de leur batterie centrale. Mais tandis que les colonnes d'infanterie franchissaient rapidement l'espace qui les séparait des hauteurs occupées par l'ennemi et se hâtaient d'en gravir les pentes, l'artillerie enlevée d'un élan vigoureux se porta vaillamment en première ligne et n'hésita pas à mettre à découvert ses pièces légères en batterie contre le gros canon des Turcs solidement assis et protégé par des épaulements. La promptitude et la hardiesse de ce mouvement, brillamment dirigé par le général de La Hitte, méritèrent les applaudissements de l'armée. En peu de temps la batterie turque fut réduite au silence. Aussitôt le 37ᵉ de front, le 14ᵉ à droite et le 20ᵉ à gauche s'élancèrent pour en prendre possession. Ce furent les voltigeurs du 37ᵉ qui les premiers y pénétrèrent par les embrasures. Un grand nombre de canonniers turcs se firent tuer sur leurs pièces démontées, dernière marque de bravoure qui ne devait plus trouver d'imitateurs parmi les soldats d'Ibrahim.

Jalouses d'augmenter l'honneur qu'elles s'étaient acquis, déjà les batteries du général de La Hitte s'étaient portées plus avant, et lançaient d'un feu continu sur les masses turques des boulets qui, après y avoir fait leur trouée sanglante, s'en allaient ricocher dans le camp de Staoüeli. En même temps, les chevalets de fusées, établis au centre, portaient, moins encore par l'effet meurtrier que par le seul sifflement de leurs projectiles, le désordre et l'effroi dans les masses de cavalerie arabe qui s'apprêtaient à charger les colonnes de la brigade Poret de Morvan. Cette action vigoureuse de l'artillerie fut tout à fait décisive. A vrai dire, il n'y avait plus d'armée turque; la cohue qui s'agitait dans la dernière confusion sous le feu de nos artilleurs n'attendait qu'un prétexte pour s'enfuir. Dès que les voltigeurs qui précédaient les colonnes d'attaque apparurent, la déroute se déclara sur tous les points. Le camp, évité ou traversé à la hâte par les fuyards, fut à peine défendu. Le 14° et le 37°

au centre, sur la droite le 1ᵉʳ de marche et le 3ᵉ de ligne, sur la gauche le 20ᵉ y entrèrent les premiers et presque à la fois, puis successivement les autres qui avaient eu plus de chemin à parcourir. A midi, les divisions Berthezène et Loverdo étaient rangées en bataille au delà du camp, prêtes à repousser tout retour offensif. L'ennemi était bien loin d'y songer. Vers les collines du sud et de l'est, surtout dans la direction d'Alger, de longues traînées de poussière signalaient le passage des fuyards dont les derniers groupes se distinguaient à peine.

En traversant le camp de Staouëli, parmi les tentations d'un butin qu'il était si facile de s'approprier, les régiments français n'avaient d'autre pensée, d'autre désir que d'atteindre l'ennemi qui se dérobait devant eux. Pas une section ne s'était débandée pour le pillage. Admirable effet du sentiment de l'honneur et de la discipline! Quand le général en chef visita le camp, il y trouva tout ce qu'avaient abandonné les vaincus, tout ce qu'avaient respecté les vainqueurs : des magasins de munitions, des approvisionnements de riz, d'orge, de tabac, de café, de sucre, une centaine de chameaux, des mulets, des ânes, des bœufs, des moutons en quantité, près de trois cents tentes, surtout les hauts pavillons de l'aga Ibrahim, des beys de Constantine et de Titteri, parés de riches étoffes et d'armes précieuses, enfin les coffres mêmes qui contenaient la solde de la milice turque.

La gloire acquise dans cette journée par l'armée française ne lui avait pas coûté heureusement de trop cruels sacrifices. La première division, la plus éprouvée, avait perdu 44 hommes tués et 344 blessés ; c'étaient le 20°, le 28° et le 37° qui avaient le plus souffert; le chiffre total des pertes n'allait pas au delà de 57 tués et de 473 blessés. Quant à celles de l'ennemi, on n'en pouvait rien connaître exactement. C'était un principe à la fois de religion et d'honneur chez les Arabes d'enlever leurs blessés et leurs morts; quand un des leurs était frappé, un cavalier le prenait en croupe, et souvent une corde fixée à l'arçon de la selle traînait derrière lui un cadavre. Cependant, aux endroits où l'ennemi avait été obligé de faire prompte retraite, un grand nombre de blessés et de morts avaient été abandonnés sur le terrain.

Après avoir fait la visite des ambulances et donné ses ordres pour que les blessés fussent transportés dans les hôpitaux de Sidi-Ferruch, le comte de

Bourmont regagna son quartier général. Les troupes qui avaient combattu restaient dans le camp de Staouëli, partie sous des tentes arabes, partie sous des huttes formées de branchages, la première division campée au nord et au nord-est, la deuxième à l'est et au sud. En seconde ligne et à mi-chemin entre ces positions et le camp retranché, les deux régiments qui formaient la 1re brigade de la troisième division étaient postés, le 35e sur les mamelons d'abord occupés par la division Berthezène, le 2e régiment de marche dans les anciens bivouacs de la brigade Monk d'Uzer, avec la mission spéciale de garder le cours inférieur de l'Oued-Bridja. Enfin, en réserve, la deuxième brigade de la troisième division, qui s'était portée en avant vers la fin de la bataille, avait repris ses positions hors du camp retranché; la troisième restait dans l'intérieur de la presqu'île.

Depuis un mois, les troupes n'avaient mangé que de la viande salée. Le soir de la bataille, chaque compagnie reçut deux moutons, du riz, du café, dépouilles opimes de l'ennemi. On célébra joyeusement la victoire; on but aux succès futurs, et le lendemain, quand l'ordre du jour adressé à l'armée par le général en chef fut lu devant les régiments, ils applaudirent particulièrement ce passage : « La milice turque avait cru qu'il était aussi facile de nous vaincre que de nous outrager; une entière défaite l'a désabusée, et c'est désormais dans l'enceinte d'Alger que nous aurons à combattre. »

CHAPITRE VI

SIDI-KHALEF

I. Combats de Sidi-Khalef et de Dely-Ibrahim. — II. Bivouac de Chapelle et Fontaine. — Agressions des Turcs. — Marche en avant. — Erreur de direction.

I

Pour atteindre cette enceinte d'Alger où le général en chef promettait à ses troupes le combat décisif, il ne restait qu'un espace peu considérable à franchir, si ce n'est que la nature y avait élevé des obstacles dont une défense intelligente pouvait disposer à son grand avantage. L'assaillant qui venait de Staouëli voyait s'allonger en travers de sa route plusieurs chaînes de collines distinctes, étagées, flanquées comme les pièces d'une fortification régulière, toutes commandées par les hautes croupes de la Bouzaréah, centre et nœud du massif d'Alger. Il n'y avait rien là toutefois qui pût arrêter ou seulement retarder beaucoup l'armée française, si la grosse artillerie, si les munitions et les vivres pouvaient arriver promptement à sa suite. Par malheur, ce n'était ni de l'armée ni même du général en chef que dépendait la solution de ce problème : c'était de l'amiral et surtout de la mer. Qu'était devenue cette dernière section du convoi, chargée des chevaux d'attelage, et déjà bien tardivement partie, le 18 juin, du mouillage de Palma? Ni le 20, ni le 21, on n'en avait point encore de nouvelles. Le 22, quelques voiles apparurent à l'horizon; le 23, on en vit un plus grand nombre; mais toutes, retenues au large par une forte brise du sud-ouest, faisaient de vains efforts pour s'élever au vent et doubler la pointe de Sidi-Ferruch. Impatient d'amener à lui cette flottille qui portait la fortune de l'expédition, le général en chef voulut chercher s'il n'y aurait pas, sur quelque point de la côte, à l'est de la presqu'île et jusqu'au cap Caxine, une plage favorable au débarquement. Le 23, des détachements tirés de Sidi-Ferruch et de Staouëli se portèrent au nord vers la mer. L'exploration du littoral, dirigée par le général Valazé, démontra que la côte, dans ces parages, était inaccessible.

Pendant cette rapide excursion, une fusillade assez vive et quelques coups de canon avaient appris aux troupes détachées en reconnaissance que l'ennemi, depuis trois jours à peu près invisible, avait reparu en force aux abords du camp. Évidemment les cœurs s'étaient raffermis à Alger. A la première stupeur avait promptement succédé l'exaspération de la défaite. Des courriers dépêchés dans toutes les directions pour arrêter la dispersion des Arabes et des Kabyles, ramenaient à tout instant des bandes plus ou moins nombreuses dont l'agglomération, dès le 20 juin, formait déjà une masse d'une vingtaine de mille hommes. De nouveau les ulémas, dans leurs prédications fanatiques, annonçaient l'extermination des Français et le partage de leurs richesses entre les vrais croyants. L'aga Ibrahim, qui d'abord s'était caché dans une de ses maisons de campagne, redoutant la fureur du dey, son beau-père, avait été recherché par ses ordres, rassuré et maintenu dans le commandement suprême de l'armée algérienne. Inexplicable pour les Turcs, l'immobilité de l'armée française après sa victoire leur avait rendu tout à fait confiance; ils étaient persuadés qu'elle était hors d'état de soutenir un nouveau choc. L'escarmouche du 23, prélude d'une attaque générale, avait mis le comte de Bourmont en éveil; non-seulement il se tenait prêt à repousser l'ennemi, mais encore il était décidé à gagner sur lui autant de terrain qu'il pourrait en garder sans imprudence.

Le 24 juin, au point du jour, toutes les forces algériennes envahirent le plateau de Staouëli et se déployèrent en face des avant-postes français. Dès les premiers coups de fusil, le général en chef était accouru et avait fait ses dispositions. La première division tout entière et la première brigade de la seconde étaient désignées pour prendre sur tous les points l'offensive, droit devant elles, en refoulant l'ennemi ; les brigades Monk d'Uzer et Collomb d'Arcine restaient en réserve dans l'enceinte du camp. Au signal donné, le mouvement commença avec un merveilleux ensemble : à gauche Clouet, au centre Achard et Poret de Morvan, Damrémont à droite, chaque régiment formé en colonne double et couvert par ses compagnies de voltigeurs, dans l'intervalle des brigades, l'artillerie alignée sur les tirailleurs ; tout marchait en ordre, sans précipitation, comme sur un champ de manœuvre. L'ennemi étonné reculait devant cette ordonnance régulière ; si quelque part il essayait de se masser et de tenir, une volée de canon le mettait de nouveau en retraite.

En remontant ainsi vers le nord-est la pente

à peine sensible du plateau, les brigades du centre rencontrèrent le premier groupe d'habitations qu'elles eussent encore vu en Afrique ; c'étaient quelques masures entourées de jardinets et de vergers, auprès d'un de ces tombeaux de marabouts semés en si grand nombre sur cette terre musulmane ; celui-ci s'appelait Sidi-Yeklef. Il couronnait l'extrémité du plateau de Staouëli, sur le ravin de l'Oued-Terfah. Au delà de ce ruisseau, la berge dominante, première assise d'un contre-fort de la Bouzaréah, figurait un rempart étroit, resserré entre deux ravins comme entre deux fossés naturels, et tout de suite dominé lui-même par un second étage de hauteurs. Celles-ci d'abord tourmentées, ravinées, formaient par l'épanouissement de leurs sommets réunis une sorte de terrasse de médiocre étendue, limitée à l'est par le vallon de l'Oued-Kerma et désignée sous le nom de plateau de Sidi-Khalef. Du camp de Staouëli à Sidi-Yeklef, pour une distance de trois kilomètres environ, la différence d'altitude n'était que de trente mètres ; elle était de cent mètres au moins, pour une distance égale, entre Sidi-Yeklef et Sidi-Khalef.

A partir de l'Oued-Terfah, tout concourait à contrarier la marche si bien ordonnée des troupes françaises : au passage des ravins la roideur des rampes, les fourrés inextricables dans les fonds humides, sur les croupes des bouquets de bois, des maisons de plus en plus nombreuses, des enclos, des haies de nopals et d'aloès plus épaisses et plus hautes que des murs. Il y avait là, pour la résistance de l'ennemi, toutes sortes d'appuis et d'avantages; cependant, il ne tenait nulle part. L'aga Ibrahim, assaillant médiocre, entendait moins encore la guerre défensive; il ne sut pas disputer aux troupes françaises ce pays de chicane, et ce furent les difficultés du terrain bien plus que le feu de leurs adversaires qui les obligèrent à ralentir leur allure. Vers deux heures, les trois brigades de la division Berthezène, maîtresses des ravins de Sidi-Khalef, s'étaient élevées sur le plateau dont elles avaient bientôt atteint l'extrémité orientale. Déjà même les plus avancés des tirailleurs, s'aventurant dans le vallon de l'Oued-Kerma, avaient franchi le ruisseau et commençaient à gravir la berge opposée, plus rapide et plus haute. Tout à coup une violente détonation éclate; un jet énorme de cendres et de fumée jaillit à plus de cent mètres de hauteur, puis s'étale en tourbillons épais, colorés par le soleil d'un éclat roussâtre. C'est une maison qui servait à l'ennemi de magasin à poudre et qu'il vient de faire sauter en se repliant. Cette explication ne fut pas d'abord connue des troupes françaises; le bruit courut dans les rangs qu'au delà de l'Oued-Kerma les Turcs avaient pratiqué des fourneaux de mine, et que c'était l'un d'eux qui venait d'éclater. La poursuite d'ailleurs avait mené l'armée française à près de deux lieues de Staouëli. Le général en chef arrêta le mouvement, rappela les tirailleurs et fit couronner par la première division la crête orientale du plateau de Sidi-Khalef.

A l'extrême droite, la brigade Damrémont, qui avait éprouvé un peu plus de résistance que les autres colonnes, était arrivée devant un mamelon élevé, au sommet duquel était une grande maison carrée ou ferme désignée sous le nom de Haouch Dely-Ibrahim. Chassé de cette position, l'ennemi fit un effort vigoureux pour la reprendre. Le général Valazé s'y était arrêté avec une seule compagnie de sapeurs; il y courut les plus grands périls et y aurait succombé peut-être sans la vigilance et le dévouement d'un jeune officier d'état-major qui, ayant pu sortir avant que la ferme fût complétement investie, mais lorsque la brigade était déjà loin, rejoignit un bataillon du 49e, lui persuada de rétrograder et le ramena au secours du général : il était temps. Chargés, culbutés à grands coups de baïonnette, les Arabes s'enfuirent.

Malheureusement, dans cette rencontre, un jeune officier que son nom recommandait à l'attention des troupes, le lieutenant Amédée de Bourmont, tomba frappé à bout portant d'une balle en pleine poitrine. Le lendemain, dans son rapport sur la journée de Sidi-Khalef, le comte de Bourmont donnait seulement quelques mots, d'une simplicité touchante, à la douleur que son devoir lui imposait de contenir. « Le nombre des hommes mis hors de combat a été peu considérable, disait-il ; un seul officier a été blessé dangereusement : c'est le second des quatre fils qui m'ont suivi en Afrique. J'ai l'espoir qu'il vivra, pour continuer de servir avec dévouement son roi et la patrie. » Le vœu du père, et l'on peut dire celui de toute l'armée, ne fût pas exaucé. Amédée de Bourmont succomba, le 7 juillet, à l'hôpital de Sidi-Ferruch. A cette date, il y avait deux jours que l'armée française était maîtresse d'Alger ; le succès du général donnait du moins au père malheureux le droit de comprimer moins étroitement l'expression de sa douleur. « Des pères de ceux qui ont versé leur sang pour le roi et la patrie seront plus heureux que moi, écrivait-il au prince de Polignac; le second de mes fils avait reçu une blessure grave dans le combat du 24 juin. Lorsque j'ai eu l'honneur de l'annoncer à Votre Excellence, j'étais plein de l'espoir de le conserver. Cet espoir a été trompé : il vient de succomber. L'armée perd un brave soldat; je pleure un excellent fils. Je prie Votre Excellence de dire au roi que, quoique frappé par ce malheur de famille, je ne remplirai pas avec moins de vigueur les devoirs sacrés que m'impose sa confiance. »

Sans cette cruelle atteinte, la journée du 24 juin eût été parfaitement bonne pour M. de Bourmont; ses ordres avaient été partout exécutés sans malentendus et sans erreurs. Après le combat de Dely-Ibrahim, la brigade Damrémont était venue s'établir à la droite de la première division, sur le plateau de Sidi-Khalef. Sur la rive gauche de l'Oued-Kerma, en face du bivouac de la brigade Achard, s'élevait le tombeau du marabout Sidi Abd er Rahman bou Nega, avec son oratoire ou kouba vénérée des pieux musulmans. A peu de distance au-dessous, dans le vallon, on voyait un large abreuvoir en pierre alimenté par une source. C'étaient les deux points de repère qui avaient le plus frappé Boutin, dans son exploration de cette partie des environs d'Alger, et c'est pourquoi il avait marqué ce lieu sur sa carte sous la double et vague dénomination de *Chapelle et Fontaine*. Les troupes l'adoptèrent, et les combats des jours suivants consacrèrent sous ce nom les positions occupées par l'armée française à l'extrémité orientale du plateau de Sidi-Khalef.

Après avoir présidé à l'installation des bivouacs, le général en chef avait repris le chemin de Staouëli; dix ou douze cadavres décapités, mutilés, avec des lambeaux d'uniformes français, gisaient çà et là sur la route. C'étaient des hommes isolés qui s'étaient laissé surprendre par les rôdeurs ennemis, revenus en grand nombre après le passage des colonnes. Des groupes importants de cavaliers arabes, après s'être dérobés sur la droite du général Damrémont, avaient poussé l'audace jusqu'à menacer le camp de Staouëli qu'ils s'attendaient à trouver à peu près désert; mais à la vue des brigades Monk d'Uzer et Collomb d'Arcine, ils avaient fait prompte retraite et disparu derrière les collines du Sahel.

II

Les résultats acquis dans la journée du 24 juin exigeaient du général en chef des dispositions nouvelles. Dès le soir même il y pourvut. A Sidi-Ferruch, le quartier général eût été trop éloigné de Chapelle et Fontaine; il fut transféré à Staouëli. D'ailleurs, la presqu'île, complétement retranchée, armée de vingt-quatre pièces de canon, appuyée par la flotte, offrait désormais une sécurité si parfaite qu'il était permis, sinon de l'abandonner à elle-même, tout au moins d'en réduire la garnison des deux tiers et d'augmenter d'autant l'effectif des troupes combattantes. Ordre fut donné au duc Des Cars de faire partir successivement ses trois brigades et de les envoyer en ligne, satisfaction bien méritée par des hommes qui, tandis que leurs camarades se battaient, avaient eu pour toute distraction, depuis dix jours, les corvées du débarquement. Du camp de Staouëli, où demeurait seule la brigade Collomb d'Arcine, la brigade Monk d'Uzer était rappelée pour remplacer à Sidi-Ferruch la troisième division. Celle-ci commença son mouvement dans la nuit même.

Le 25, à huit heures du matin, la brigade Bertier, formée du 2ᵉ régiment de marche et du 35ᵉ de ligne, arrivait sur le plateau de Sidi-Khalef et prenait place à l'extrême gauche de la ligne française ; mais ses bagages qu'elle avait laissés en arrière étaient attaqués et pillés en partie par des coureurs arabes. Ce petit succès les enhardit au point qu'ils osèrent se jeter sur les flancs de la brigade Hurel qui suivait la première à quelques heures de distance. Les deux régiments de cette brigade, le 17ᵉ et le 30ᵉ, furent obligés de former le carré, et n'arrivèrent que fort tard en vue des bivouacs occupés depuis le matin par leurs camarades. La chaleur dans cette journée avait été accablante, et pour la première fois le vent du désert avait fait sentir sa terrible influence. Dans le court trajet de Sidi-Ferruch à Staouëli, plusieurs hommes de la brigade de Montlivault, partie la dernière, avaient été frappés de mort subite.

Les deux régiments de cette brigade, le 23ᵉ et le 34ᵉ, n'étaient point encore appelés en première ligne ; leur mission était de garder les communications et d'aider à la construction de cinq redoutes que le général en chef avaient prescrit d'élever entre Staouëli et Chapelle et Fontaine. Déjà deux ouvrages de ce genre, achevés et armés, couvraient la route depuis le retranchement de la presqu'île jusqu'à Staouëli; un troisième protégeait, à l'est, la tête du camp conquis, le 19 juin, sur l'armée algérienne.

Quoique cette armée n'eût fait, dans la journée du 24, qu'une molle résistance, elle n'était point pour les troupes françaises un adversaire méprisable. Sous la main d'un chef plus intelligent et plus hardi que l'aga Ibrahim, les Turcs, les Arabes, les Kabyles pouvaient déployer, mieux qu'ils n'avaient encore fait, leurs qualités guerrières, inégales et diverses, mais exaltées par un pareil fanatisme. La bravoure, chez quelques-uns, rappelait les vieilles légendes des âges héroïques. Le 24 juin, au moment où la brigade Poret de Morvan atteignait l'extrémité du plateau de Sidi-Khalef, on vit un nègre descendre rapidement de la colline opposée et s'avancer vers les tirailleurs du 3ᵉ de ligne, un sabre dans une main, un drapeau dans l'autre. On crut d'abord qu'il venait se rendre, et l'on défendit de tirer sur lui; mais lui, grand, vigoureux, l'œil ardent, la tête haute, hurlant dans une langue incomprise des malédictions évidentes, insultait et défiait les tirailleurs. Parfois il se baissait, et, rasant la terre du tranchant de son sabre, il faisait voler les herbes comme il eût volontiers fait voler les têtes, et c'était bien là ce que voulait dire son geste expressif. Autour de lui groupés, le colonel, le lieutenant-colonel, d'autres officiers et des voltigeurs du 3ᵉ de ligne l'examinaient curieusement; tout à coup il s'élança sur un sergent, pour lui couper la tête. Quoi qu'on eût fait pour l'épargner, il fallut en finir : il tomba percé de trois balles.

Cet épisode n'était que le prélude d'une lutte acharnée. Les Français n'avaient pas encore fini d'établir leurs bivouacs sur le plateau de Sidi-Khalef que déjà un chef aimé de la milice turque et respecté des Arabes, Mustapha bou Mezrag, bey de Titteri, avait remplacé à la tête de l'armée algérienne l'incapable Ibrahim Aga. Habiles et promptes, les dispositions du nouveau général redoublaient la confiance que son nom seul inspirait à ses troupes, parce qu'elles assignaient à chacun le rôle qui était le plus approprié à ses mœurs. Ainsi les cavaliers arabes et la plupart des gens de pied étaient envoyés sur les flancs et sur les derrières de l'armée française, tandis que les Turcs, les Coulouglis et les meilleurs tireurs parmi les Kabyles, embusqués sur son front dans des positions dominantes, devaient l'écraser sous un feu meurtrier. Limité à l'est par le vallon de l'Oued-Kerma, au nord et au sud par des ravins, le terrain occupé par les Français paraissait facile à défendre contre une attaque de vive force; mais il avait le grand défaut d'être partout inférieur au terrain occupé par l'ennemi. Au nord-est particulièrement, par-dessus les premiers contre-forts, s'élevaient les pentes de la Bouzaréah d'où tout le plateau de Sidi-Khalef était entièrement vu et plongé. Aussi le bey de Titteri n'avait-il pas manqué d'y faire établir des batteries de gros calibre qui prenaient en écharpe les lignes françaises.

Le 25 juin, dès les premières lueurs du jour, la canonnade et la fusillade avaient été vivement engagées du côté des Turcs. C'était le moment où la première brigade de la troisième division venait prendre place à la gauche de la division Berthezène. En défilant sous les yeux de leurs camarades, ces troupes nouvelles au feu semblaient s'y exposer à plaisir; quand elles établirent leurs bivouacs, ce fut sur le terrain le moins abrité, tandis que leurs tirailleurs, par cette même exagération d'une bravoure imprudente, affectaient de se montrer à découvert. Aussi la brigade eut-elle en peu d'heures neuf hommes tués et cinquante-huit blessés. Au centre et à la droite, officiers et soldats, n'ayant plus leurs preuves à faire, ne se croyaient pas moins braves parce qu'ils prenaient plus de précautions ; ils savaient combien, dans cette guerre de postes et d'embuscades, leurs ennemis avaient sur eux d'avantages, et ils ne dédaignaient pas de les imiter en se couvrant mieux et en donnant à leur feu ménagé un effet plus sûr.

L'épreuve meurtrière que la brigade Bertier avait subie le 25, la brigade Hurel eut à la subir le 26 : elle s'établissait, dans la matinée, à l'extrême gauche, tandis que la brigade Damrémont, par ordre du général en chef, quittait l'extrême droite pour regagner le camp de Staouëli. Ainsi modifiée, la ligne française se trouvait formée, à partir de la gauche, des brigades Hurel et Bertier de la troisième division, et des trois brigades de la première, Clouet, Achard et Poret de Morvan. C'était la gauche, plus voisine de la Bouzaréah, qui avait toujours le plus à souffrir ; malgré sa persévérance et son adresse, l'artillerie française ne parvenait pas à éteindre le feu des batteries turques. Pendant trois jours, les brigades Hurel et Bertier éprouvèrent des pertes sensibles. Cependant, éclairées par l'expérience, elles s'étaient, comme les troupes de la première division, couvertes par des ouvrages de campagne; les maisons qu'occupaient leurs avant-postes avaient été crénelées et protégées par des abatis d'arbres. Dans la journée du 27, les Turcs vinrent à plusieurs reprises planter leurs drapeaux sur les épaulements de la brigade Hurel; ils s'en emparèrent même le lendemain, et ce ne fut qu'au prix des plus grands efforts que le 35°, engagé par le duc Des Cars, finit par les en déloger. Du 26 au 28, la troisième division n'eut pas moins de 520 hommes hors de combat.

Moins vivement attaquée d'abord, la première division n'avait point autant souffert; mais, le 28, la brigade Poret de Morvan eut à soutenir un assaut, le plus rude peut-être qu'une troupe française eût eu à repousser depuis le commencement de la campagne. A l'extrême droite, sur une sorte de promontoire compris entre le vallon de l'Oued-Kerma et le ravin qui terminait au sud le plateau de Sidi-Khalef, était campé le premier régiment de marche, le bataillon du 4° léger, occupant l'angle même de la position, le bataillon du 2° en retour sur la droite, face au ravin. Dominé au sud par les hauteurs de Dely-Ibrahim, à l'est par les pentes opposées du vallon de l'Oued-Kerma, le 4ᵉ léger avait de plus à surveiller, à la rencontre du vallon et du ravin, une trouée assez large et d'une inclinaison assez faible pour laisser passer et se mouvoir librement une masse considérable de cavalerie. En effet, dans la soirée du 27, tandis que de nombreux tirailleurs tenaient en alerte les avant-postes du bataillon, des groupes de cavaliers venaient caracoler à peu de distance, plutôt pour reconnaître le terrain que pour engager une action véritable. La nuit, contre l'usage, ne fit pas entièrement cesser le feu; à minuit, on tiraillait encore. Des cris éloignés, un bruit confus, mais qui devenait distinct quand on mettait l'oreille contre terre, indiquaient l'approche de bandes nombreuses. Le 28, au point du jour, on vit en position, au delà de la trouée, une masse de quinze cents à deux mille cavaliers arabes, et de part et d'autre, des groupes de gens de pied, Maures et Kabyles. Vers sept heures le feu commença, devint rapidement nourri et se maintint avec une grande vivacité pendant deux heures. Les cavaliers eux-mêmes s'y mêlaient, par pelotons qui sortaient tour à tour de la masse et y rentraient après avoir déchargé leurs armes. Réduite à ce manége, l'action de la cavalerie était assurément peu redoutable; de là pour le 4ᵉ léger une confiance dangereuse. Vers neuf heures, le feu avait presque entièrement cessé. Le commandant du bataillon, jugeant l'affaire finie, avait donné l'ordre de démonter et de nettoyer les armes. Imprudent en soi, cet ordre, qui n'aurait dû être exécuté que successivement, le fut à la fois dans toutes les compagnies. Tout à coup des cris épouvantables éclatent. De tous côtés des Kabyles, se précipitant à travers les ravins, ont rapidement gravi les pentes du plateau. Assaillis de front, débordés à droite et à gauche, les avant-postes se replient précipitamment sur le gros du bataillon, qui lui-même n'est plus en mesure de les soutenir. Bientôt c'est la masse de cavalerie qui, prenant la charge, débouche au galop et se rue sur nos soldats désarmés. A ce moment, la mêlée devient affreusement meurtrière. Les Arabes s'encouragent au massacre; ils sabrent et coupent des têtes. C'en était fait du 4ᵉ léger, si le bataillon du 2ᵉ léger d'un côté, de l'autre un bataillon du 3ᵉ de ligne, arrivant au pas de course, n'avaient chargé à leur tour les assaillants, et en attirant l'ennemi sur eux, sauvé leurs infortunés camarades. Ceux-ci dégagés, après avoir remonté leurs armes, reviennent au combat et s'acharnent à venger la surprise dont ils viennent d'être victimes. Les Turcs et les Arabes repoussés regagnent leurs premières positions, mais le succès qu'ils ont eu d'abord les engage à tenter une seconde attaque. Celle-ci prévue, vigoureusement accueillie, dure moins longtemps que la première; le feu de deux obusiers amenés sur le terrain achève de décourager l'ennemi, qui s'éloigne enfin et n'essaye plus de revenir. Dans cette sanglante affaire, le bataillon du 4ᵉ léger n'eut pas moins de 8 officiers et de 117 hommes hors de combat.

La violence de l'attaque et surtout la précision avec laquelle elle s'était produite contre la droite, au moment même où la gauche n'était guère moins vivement pressée, dénotaient, après les événements des journées précédentes, un plan conçu non sans habileté par le chef de l'armée turque et de jour en jour mieux compris, mieux exécuté par ses soldats. Il était impossible que le général de Bourmont n'en fût point frappé. Laisser une heure de plus qu'il n'était nécessaire les troupes françaises dans une situation si désavantageuse eût été une faute tellement grossière que personne ne pouvait songer à l'imputer au général en chef. C'était, chacun le savait et en maugréait comme lui, le retard des moyens de transport qui retenait l'armée sous le feu meurtrier des Turcs. Il est vrai qu'enfin, le 25, la dernière section du convoi était parvenue à gagner le mouillage de Sidi-Ferruch; mais, le 26, une tempête, presque aussi terrible que l'ouragan du 16, avait mis la flotte en perdition. Le 27 au matin, la mer parut couverte de débris; quatre transports étaient à la côte; des canots défoncés, des chalands désemparés gisaient sur le sable. Cependant, dès que le danger fut moindre et la mer plus maniable, le débarquement fut repris avec ardeur. A peine mis à terre, les chevaux étaient attelés, les mulets chargés, et des convois sous bonne escorte transportaient par Staouëli jusqu'au plateau de Sidi-Khalef les pièces de siége avec leur attirail, le matériel du génie, les réserves de cartouches, les approvisionnements, les vivres.

Dans la journée du 28, les généraux de La Hitte, et Valazé purent annoncer au général en chef que l'artillerie et le génie étaient prêts à suivre les troupes d'infanterie sous les murs du château de l'Empereur. Aussitôt des ordres furent donnés et de nouvelles dispositions prises, le quartier général, avec les brigades Damrémont et Collomb d'Arcine, transféré de Staouëli à Chapelle et Fontaine, la brigade Monk d'Uzer rappelée de Sidi-Ferruch à Staouëli, sauf un bataillon du 48ᵉ laissé pour la garde de la presqu'île avec un détachement de quatorze cents marins fourni, non sans quelque résistance du vice-amiral Duperré¹, par les équipages de la flotte; enfin les rangs et les rôles assignés pour la marche du lendemain qui devait être la dernière.

Afin de surprendre l'ennemi par une attaque soudaine et qui ne lui laissât pas le temps de se reconnaître, le général en chef avait prescrit aux chefs de corps de se tenir prêts à trois heures du matin. Six brigades, deux de chaque division, étaient désignées pour concourir au mouvement.

___

[1] Le vice-amiral Duperré au comte de Bourmont, 28 juin 1830 : — « Je reçois la lettre de votre chef d'état-major, qui m'annonce que vous rappelez du camp retranché le général d'Uzer avec trois bataillons de sa brigade. En conséquence, le bataillon restant et le peu de marins que je peux fournir restent chargés de la défense du camp retranché, pour laquelle les généraux de l'artillerie et du génie demandaient cinq mille hommes. Dans un pareil état de choses, la marine, ne pouvant répondre de cette défense, tout à fait étrangère d'ailleurs à son service, ne peut en accepter la responsabilité. Je dois la récuser en son nom. Elle fera ce qu'elle pourra. Je n'ai mis à terre, hier, qu'un bataillon qui n'est même pas complété à sept cents hommes. Je tâcherai d'en mettre un autre aujourd'hui; mais vous sentirez qu'il faut au moins y laisser en outre deux bataillons de ligne. Encore ne devront-ils être destinés qu'à la garde intérieure; l'escorte des convois devra être fournie par d'autres troupes. La marine a fait jusqu'ici son devoir et rempli ses obligations; vous demandez plus que son devoir, et des obligations hors de son service et qu'elle ne peut que mal remplir. Je me borne à déclarer qu'elle est disposée à faire ce qu'elle pourra, mais les conséquences ne peuvent jamais lui être imputées. »

A gauche, les brigades Hurel et Bertier, de la division Des Cars, avaient leur direction indiquée sur les batteries de la Bouzaréah qu'elles devaient attaquer et détruire, pour se rabattre ensuite vers les croupes de la montagne les plus rapprochées d'Alger. Au centre, les brigades Damrémont et Collomb d'Arcine de la division Loverdo ; à droite, les brigades Achard et Clouet de la division Berthezène avaient ordre d'appuyer le mouvement de la gauche, en franchissant les dernières crêtes qui dominent le versant oriental du massif d'Alger, et de s'établir en vue du château de l'Empereur. Ni l'effectif de l'armée, ni les difficultés du terrain ne permettaient au général en chef d'investir complétement la ville ; tout ce qu'il était possible de faire, c'était de prendre de bonnes positions, bien reliées entre elles et telles que les travaux de siége pussent être facilement soutenus.

Trois brigades, un tiers de l'armée, avaient dû être laissées en arrière, la brigade Poret de Morvan à Chapelle et Fontaine, pour garder le grand parc ; de là jusqu'à Staouëli, la brigade de Montlivault échelonnée ; à Staouëli et à Sidi-Ferruch, la brigade Monk d'Uzer. Hors du terrain occupé par leurs camps ou couvert par les feux de leurs redoutes, les Français ne possédaient rien; le chemin qu'ils venaient de parcourir ne leur appartenait déjà plus. Chaque jour, les convois les mieux escortés avaient à soutenir de perpétuelles attaques. Les Turcs et les Arabes, coupeurs de têtes, montraient qu'ils étaient toujours les maîtres du pays. La prise d'Alger suffirait-elle pour leur faire reconnaître et accepter la suprématie du conquérant français?

Le 29 juin, à deux heures du matin, les bivouacs étaient levés à Chapelle et Fontaine; les troupes avaient pris les armes et s'étaient rangées en silence. A trois heures, le mouvement commença. Chaque régiment formait une colonne; l'artillerie marchait dans les intervalles; des détachements du génie allaient en avant pour ouvrir et frayer des passages. Le vallon de l'Oued-Kerma fut traversé sans obstacle. Au delà, les avant-postes de l'ennemi furent enlevés sans coup férir; mais quelques fuyards s'échappèrent en donnant l'alarme; les premiers coups de fusil furent échangés. A gauche, la lueur des feux allumés sur les pentes de la Bouzaréah guidait les brigades de la troisième division. De ce côté, la fusillade fut très-vive, mais de courte durée. Surpris par la rapidité de l'attaque, les canonniers turcs se hâtèrent de désarmer leurs batteries; encore les pièces qu'ils avaient essayé d'emmener furent-elles abandonnées par eux et retrouvées plus tard dans les ravins du voisinage. Le jour était venu; nulle part on ne laissait à l'ennemi le temps de se rallier; des obus bien dirigés dispersaient et poursuivaient les groupes partout où ils tentaient de se reformer.

A cinq heures, toute résistance avait cessé devant l'aile gauche; la brigade Hurel occupait, sur le sommet le plus élevé du massif, l'ancien poste d'observation de la marine algérienne, la Vigie. A six heures, la brigade Bertier prenait position sur un mamelon inférieur, plus rapproché d'Alger et presque à portée du canon de la Kasbah. Là un spectacle pitoyable s'offrit aux regards étonnés des Français. Des femmes, des enfants, des vieillards, accroupis, tremblants, récitant des prières, semblaient attendre avec une résignation fataliste la mort que d'autres s'efforçaient de conjurer en embrassant les mains et les pieds des soldats. C'étaient des familles juives qui, chassées d'Alger par les ordres du dey, avaient fui des maisons qu'elles occupaient sur les pentes de la Bouzaréah. Pour les troupes françaises, exaspérées par la férocité de leurs adversaires, mal instruites des différences de race et de costume, tout indigène était un ennemi, toute maison un repaire d'ennemis. Des maisons avaient été forcées, des hommes passés par les armes; beaucoup de juifs avaient péri. Quand, l'ardeur du combat éteinte et le tumulte apaisé, les chefs plus éclairés eurent pu faire comprendre aux soldats leur erreur, ils s'efforcèrent d'en réparer ou d'en atténuer au moins les effets. On les vit empressés à rassurer les malheureux fugitifs et à partager leurs vivres avec eux, jusqu'au moment où le général en chef, instruit de ces événements, fit diriger cette population désolée sur Sidi-Ferruch.

Pendant la marche à peine contestée de la troisième division, le centre et la droite avaient poursuivi la leur avec moins de difficultés encore. Il était évident que l'attaque matinale de l'armée française avait dérangé toutes les habitudes d'un ennemi dont il n'était pas possible de contester la bravoure, mais dont la bravoure avait besoin d'être éclairée par le soleil. On avait plus d'une fois remarqué que de bonnes positions occupées par les Arabes étaient évacuées par eux à la nuit tombante pour être réoccupées au point du jour. A six heures, la deuxième division faisait halte en arrière des consulats d'Espagne et de Hollande, tandis que la première atteignait, à Bir ben Ateïa, l'extrémité du plateau sur lequel elle marchait depuis trois heures. En ce moment, le général en chef arriva, suivi de tout son état-major. Il se porta en avant de la brigade Achard, qui tenait l'extrême droite, le front tourné au sud-est. Un immense espace, sous la blancheur uniforme d'un épais brouillard, s'étendait à perte de vue devant lui; suivant l'état-major, c'était la mer : en réalité c'était la plaine de la Métidja. De là une grande confusion dans les esprits; on crut avoir fait fausse route et s'être engagé sur le chemin de Constantine en laissant Alger derrière soi. La carte de Boutin vainement consultée ne pouvait, quoique exacte, résoudre un problème fondé sur une illusion d'optique. On la crut et on la déclara fautive; on s'imagina qu'elle avait placé mal à propos Alger beaucoup trop au sud, et que la vraie position de la ville était au nord-est de la Bouzaréah. Donc la seule division de l'armée qui fût bien placée était la troisième, si ce n'est qu'au lieu de former la gauche, elle devait tenir la droite; et comme conséquence extrême, il était urgent de ramener vers le nord les deux autres divisions égarées au sud. Tel était l'avis du général Desprez.

Confiant dans les connaissances topographiques de son chef d'état-major, dont c'était surtout l'affaire, le comte de Bourmont prescrivit lui-même au général Berthezène de changer de direction à gauche, avec le mont Bouzaréah pour objectif, et fit porter le même ordre au général de Loverdo par le maréchal de camp Tholozé, sous-chef d'état-major. Le général de Loverdo qui voyait flotter sur les consulats les drapeaux d'Espagne et de Hollande, le général Collomb d'Arcine qui, plus en avant, apercevait un peu sur sa gauche le château de l'Empereur, firent d'inutiles objections; l'ordre était positif; il fallut rétrograder. La division Berthezène déjà en mouvement suivait la ligne des crêtes; sous prétexte de gagner du temps par une marche parallèle, la division Loverdo dut s'engager dans les ravins. Peu soucieux de cheminer péniblement à la suite, le capitaine qui commandait l'artillerie attachée à cette division obtint l'autorisation de chercher lui-même sa route, sous la protection d'un bataillon du 49e et avec le concours d'une compagnie de sapeurs.

Cependant le général en chef, devançant la première division, avait rejoint le duc Des Cars. A sept heures, du sommet de la Vigie, il eut bien vite reconnu l'erreur que l'état-major lui avait fait commettre. Devant lui était Alger, à l'est, et au sud-est, à sa droite, le château de l'Empereur, exactement aux points indiqués sur la carte du commandant Boutin. Fallait-il donc contremander les derniers ordres et faire simplement reprendre aux troupes les positions qu'elles occupaient si justement le matin ? Une nouvelle délibération s'engagea. Pour la division Loverdo qui ne devait pas avoir fait beaucoup de chemin, il n'y avait point d'inconvénient à lui prescrire de s'arrêter et de revenir sur ses pas; mais pour la division Berthezène, qui déjà touchait à la Bouzaréah, le plus simple était de l'y laisser établie, et de renvoyer à sa place, à l'extrême droite, la division Des Cars qui se reposait depuis plusieurs heures. Ainsi fut décidé par le général en chef; de sorte que, d'après ces dispositions nouvelles, les divisions de l'armée, devant le château de l'Empereur, devaient se présenter, non plus comme le matin, dans l'ordre naturel, mais dans l'ordre inverse, la première à gauche et la troisième à droite, la deuxième, dans tous les cas, occupant nécessairement le centre.

En étudiant les détails du panorama qui se développait à ses pieds, le général en chef avait distingué vers le nord-est, à un kilomètre environ de distance, une belle maison gardée par des janissaires et surmontée du pavillon américain. C'était en effet le consulat des États-Unis, où les représentants de toutes les puissances européennes, à l'exception du consul d'Angleterre, étaient venus, avec leurs familles, chercher un asile contre les hasards de la guerre. En effet, malgré la bonne volonté du général en chef, deux des maisons consulaires durent être occupées; quant au consulat des États-Unis, le général Achard y envoya, comme garde d'honneur et de sûreté, une compagnie du 14e de ligne.

Au moment de quitter son observatoire, le comte de Bourmont aperçut, non sans surprise, le détachement d'artillerie et le bataillon du 49e, qui, en cheminant un peu à l'aventure, s'occupaient à tirailler avec des embuscades turques, lorsqu'une salve leur révéla tout à coup le dangereux voisinage du château de l'Empereur; en effet, ils n'en étaient guère qu'à sept cents mètres. Malgré leur isolement, ils ne firent pas retraite; ils se contentèrent de s'abriter sur le revers de la colline dont les projectiles ennemis labouraient la crête. Ravi de la bonne attitude de ces braves gens, le général en chef courut s'établir auprès d'eux, sur le terrain qu'ils avaient les premiers gagné pour les travaux du siége.

En arrière, tandis que leurs camarades de la division Loverdo, ignorant encore les nouveaux arrangements de l'état-major, cheminaient péniblement dans les ravins, un ordre imprudent y engageait, en sens inverse, la troisième division. Vainement le duc Des Cars avait insisté pour suivre la ligne des crêtes; le général Desprez lui avait affirmé que par les ravins il irait à la fois plus sûrement, plus directement et plus vite. Sur les sommets, sur les points les plus élevés de la Bouzaréah et de la Vigie, l'air calme, immobile, embrasé par les rayons d'un soleil implacable, enveloppait les soldats comme d'une fournaise; c'était bien pis dans les fonds remplis de vapeurs humides et lourdes; littéralement on suffoquait. Sur les flancs escarpés de ces étroits vallons, couverts de broussailles, entrecoupés de haies, il n'y avait aucun chemin tracé; à peine quelque sentier perdu qu'il fallait découvrir. C'était dans ce chaos que se traînaient les soldats de la troisième division épuisés, haletants, mourant de soif, lorsqu'ils rencontrèrent ceux de la division Loverdo. Alors ce fut un désordre, une confusion sans pareille. Quand le général de Loverdo, averti, essaya de rallier ses troupes et de les ramener vers leurs positions du matin, elles étaient si dispersées, éparpillées, confondues avec celles du duc Des Cars, que plusieurs heures se passèrent avant que l'inextricable mêlée fût éclaircie et que les noyaux de quelques régiments pussent être rendus à leur poste. Beaucoup de sacs et d'armes avaient été abandonnés, et bien des soldats, hors d'état de marcher davantage, ne rejoignirent que pendant la nuit. Si d'un côté la division Berthezène, de l'autre le bataillon du 49ᵉ n'avaient attiré l'attention et le feu des Turcs, l'armée française, surprise dans cet affreux désordre, eût payé peut-être par un grand désastre ses premiers succès. Au témoignage des troupes, cette journée fut la plus pénible de toute la campagne.

Pendant ce temps, le général en chef, accompagné des commandants de l'artillerie et du génie, avait reconnu la disposition et les défenses du château de l'Empereur et d'Alger.

CHAPITRE VII

SULTAN KALASSI

I. Le château de l'Empereur. — Ouverture de la tranchée. — Démonstration navale. — II. Ouverture du feu. — Explosion du château de l'Empereur. — Capitulation d'Alger.

I

Avec sa masse et ses hauts murs, le château de l'Empereur, Sultan Kalassi en turc, ou Bordj-Mouley-Hassan [1], du nom du dey qui l'avait fait construire, était resté comme un monument de la fortification turque au seizième siècle. C'était un rectangle ou plus exactement un trapèze dont les grandes faces, orientées du nord-est au sud-ouest, avaient cent cinquante mètres de longueur en moyenne. Les murailles, épaisses de trois mètres et hautes de quatorze, étaient flanquées aux quatre angles de bastions peu spacieux, d'un tracé irrégulier; sous le dey Hussein et

---

[1] On pourrait lui donner encore un quatrième nom. Les soldats français, peu au courant de l'histoire de Charles-Quint, et en fait d'empereur n'en connaissant qu'un, appelaient couramment fort Napoléon le château turc.

depuis la rupture avec la France, une seconde courtine avait été construite parallèlement à la face sud-ouest. Enfin, au milieu du château, une grosse tour ronde, peu élevée, servait de magasin à poudre et de réduit. Sur toutes les faces de l'enceinte, au-dessus du rempart, s'ouvraient pour des pièces de gros calibre de larges embrasures séparées par des merlons en maçonnerie. Il n'y avait pas de fossé régulier au pied de la fortification ; mais les Turcs paraissaient avoir entrepris de creuser autour une sorte de tranchée qui n'était pas commencée toutefois au sud-ouest. Du haut de la colline qu'il couronnait, à deux cent seize mètres au-dessus de la mer, le château de l'Empereur découvrait et commandait la Kasbah et la ville d'Alger, la rade, le fort Bab-Azoun, et les chemins qui, longeant la côte, font communiquer Alger avec la plaine de la Métidja.

A huit cents mètres dans le nord-est, plongée par les feux du château de l'Empereur, mais encore élevée de cent vingt-quatre mètres au-dessus de la mer, se dressait la citadelle, la Kasbah, au sommet du triangle décrit par la ville d'Alger et comprise dans la même enceinte qui était un mur à l'antique, haut de douze à treize mètres, crénelé, de distance en distance garni de tours sans saillie, formant palier en quelque sorte entre les étages d'un escalier gigantesque dont la muraille, suivant la rapide inclinaison du sol, dessinait, par les ressauts de sa crête, assez exactement le profil. Un fossé de forme triangulaire, profond de six à huit mètres, avec un mur extérieur de deux mètres d'élévation, percé de meurtrières, régnait depuis le saillant de la Kasbah, sur les deux faces de l'enceinte. A la base du triangle, le long de la mer, une muraille de plain-pied fermait également la ville, défendue de ce côté par une puissante artillerie et surtout par les formidables ouvrages de la marine. Enfin, sur la côte, le fort Bab-Azoun au sud, au nord le fort Bab-el-Oued, le fort des Vingt-quatre heures et celui des Anglais, sans compter d'innombrables batteries, flanquaient Alger de part et d'autre. Prodigues dans leur défense du côté de la mer, parce qu'ils avaient l'expérience des agressions maritimes, les Algériens étaient restés, contre une attaque par terre, dans la plus imprévoyante sécurité. Absolument ignorants de l'art des siéges, ils se confiaient dans la force de la Kasbah, et surtout dans l'inexpugnable solidité du château de l'Empereur.

Après avoir achevé leur exploration, le mémoire de Boutin sous les yeux, le général en chef, les généraux de La Hitte et Valazé avaient reconnu l'extrême exactitude des renseignements et la parfaite convenance des situations recommandées dans cette œuvre intelligente. Pour l'attaque du château de l'Empereur, « le camp, avait dit Boutin, doit venir s'établir le plus près possible; il doit occuper les points dominants et d'un accès difficile, afin d'être en sûreté contre la cavalerie ennemie. Or le terrain compris entre le château de l'Empereur, les maisons de Suède, d'Espagne, de Hollande, et en arrière, semble remplir ces conditions. Le camp aurait son front couvert par les ouvrages faits contre le fort, ses deux flancs par des ravins et escarpements, et ses derrières par un abatis défensif qu'il serait facile de faire perpendiculairement à la grande route, cette partie étant assez garnie de bois et de haies. »

La grande route dont parlait Boutin était une ancienne voie romaine dont les premiers vestiges avaient été retrouvés par l'armée, le 24 juin, sur le plateau de Sidi-Khalef, et qui se dirigeait sur Alger, en longeant la face nord-ouest du château de l'Empereur. Quant au sol, il était en effet couvert d'une abondante végétation, coupé en tous sens par ces fortes haies de nopals et d'aloès si favorables à la guerre d'embuscade. Partout des enclos plantés de caroubiers, de vignes, de jujubiers, d'arbres fruitiers de toute espèce, surtout d'orangers et de figuiers aux branches largement étendues; dans les fonds humides, d'énormes saules pleureurs; sur les pentes, des bouleaux, des peupliers blancs; enfin, dominant toute cette masse de verdure, de hauts cyprès, des pins et des platanes gigantesques. Dans les nombreuses maisons abritées sous ces ombrages et désertées à la hâte par leurs habitants, les soldats avaient trouvé des bestiaux, des volailles, du vin même dans quelques-unes, dans toutes des puits et des citernes remplies d'une eau fraîche et pure : admirable aubaine après les privations et les fatigues inouïes de cette journée cruelle.

Le soir enfin les troupes occupaient les positions que leur avait assignées le général en chef : derrière le consulat de Hollande et à gauche de la voie romaine, la brigade Collomb d'Arcine; à droite de la voie et derrière le consulat d'Espagne, la brigade Damrémont; c'était le terrain où s'était maintenu depuis le matin le bataillon du 49°. A droite de la division Loverdo, et en arrière du consulat de Suède, campaient les deux brigades de la division Des Cars. La courbe rentrante que décrivaient ces positions embrassait l'angle ouest et les deux faces adjacentes du château de l'Empereur. Beaucoup plus au nord, sur les pentes de la Bouzaréah et de la Vigie, la division Berthezène surveillait la partie septentrionale du château, la Kasbah, la ville et toutes les communications qui de ce côté reliaient les points occupés par l'ennemi. Le quartier général occupait une maison située en arrière des campements de la brigade Damrémont.

D'accord avec le général Valazé, le général en chef avait résolu de faire ouvrir, dès le soir même, une sorte de parallèle à sept cents mètres du château, au sommet de la colline dont le revers avait pendant la journée abrité le bataillon du 49e. Cinq ou six maisons dont l'occupation avait été jugée nécessaire furent d'abord mises en état de défense. Mais quand il fut question d'entamer les travaux, la lassitude des troupes était telle qu'il ne fut pas possible de réunir un nombre suffisant de travailleurs avant deux heures du matin. Aussi le travail de cette première nuit fut-il d'autant moins considérable que le fonds du sol, rocailleux et schisteux, exigeait pour être entamé plus de temps et d'efforts.

Le 30, au matin, une colonne formée des deux

bataillons du 2° de marche avec deux obusiers de montagne se mit en mouvement, sous les ordres du général Desprez, pour reconnaître et fouiller les pentes ravinées qui, de l'extrémité des hauteurs occupées par la droite de l'armée, descendaient rapidement vers la mer. Outre l'utilité générale et si fâcheusement rappelée par les méprises de la veille, d'une reconnaissance bien faite, celle-ci avait un objet spécial. Bien que l'idée d'un investissement régulier et complet eût été d'abord et définitivement écartée, il n'en était pas de même d'un projet d'investissement partiel, qui eût coupé la communication d'Alger avec la Métidja et forcé à la retraite les nombreux contingents arabes et kabyles qu'on voyait camper et circuler librement sur la plage. Après avoir bien étudié le terrain depuis les jardins du consulat de Suède jusqu'aux environs du fort Bab-Azoun, le général Desprez revint au quartier général, persuadé qu'il ne serait pas difficile d'enlever les batteries de côte et d'éloigner pour un temps les Arabes, mais que pour faire sur le littoral un établissement solide et sûrement relié avec l'armée de siége, il faudrait beaucoup plus de monde que le général en chef n'en avait à sa disposition.

Si, dans cette campagne où chacun avait à faire

un certain apprentissage, c'était le devoir, quelquefois un peu négligé de l'état-major, de bien étudier le terrain, c'était pour les troupes un devoir non moins important de se bien garder. En fait, on est forcé de le reconnaître, elles se gardaient mal. Après la cruelle expérience qu'elles avaient si chèrement payée sur le plateau de Sidi-Khalef, il semblait qu'elles eussent dû prendre, contre les ruses et l'habileté meurtrière de leurs antagonistes, des précautions d'autant plus nécessaires, exercer une vigilance d'autant plus active qu'à la garde de leurs campements s'ajoutait le soin de protéger efficacement les travaux de l'artillerie et du génie. Cependant, l'évidente supériorité des partisans ennemis se maintint, et les surprises furent malheureusement trop fréquentes. Dans la matinée du 30, à la fin d'un de ces engagements où le soin des Turcs était d'attirer leurs adversaires sous le feu du château de l'Empereur, le chef de bataillon du génie Chambaud, qui commandait la tranchée, fut blessé mortellement par un biscaïen.

L'emplacement des batteries, provisoirement indiqué la veille par le général en chef, fut définitivement arrêté, dans la journée du 30, après une reconnaissance exacte et détaillée du terrain.

Trois batteries, dirigées contre la face sud-ouest et destinées à éteindre le feu de l'ennemi en rasant les merlons en maçonnerie qui protégeaient les canonniers turcs, devaient être armées : la batterie de Bordeaux, de deux obusiers de huit pouces; la batterie du Roi, de six canons de 24; la batterie du Dauphin, de quatre pièces du même calibre. Leur distance au château de l'Empereur, dans l'ordre où elles viennent d'être nommées en partant de la droite, était respectivement de 550, 610 et 525 mètres. A gauche et à cent mètres en avant de la batterie du Dauphin, la batterie Duquesne, armée de quatre mortiers de dix pouces, devait lancer des bombes dans le bastion ouest et dans l'intérieur du fort, suivant la capitale de l'angle attaqué. Enfin, beaucoup plus à gauche encore, et à 600 mètres de la face nord-ouest, la batterie de Saint-Louis, armée de six canons de 16, avait pour mission spéciale de ricocher la face sud-ouest sur le prolongement de laquelle elle était placée.

Après avoir fait tracer sous ses yeux l'alignement de ces cinq batteries, le général de La Hitte ordonna que le travail de construction fût aussitôt commencé. De son côté, le général Valazé donna l'ordre aux officiers du génie de relier par des communications les divers points d'attaque, et d'ouvrir en arrière des chemins praticables pour le service de l'artillerie. La nuit venue, l'ennemi, comme d'habitude, suspendit son feu qu'il reprit avec vivacité au point du jour. De toutes parts, du château de l'Empereur, du fort Bab-Azoun, de la Kasbah, du fort ruiné de l'Étoile ou des Tagarins, dont les restes s'élevaient entre la ville et le château, une grêle de projectiles tombait partout où l'ennemi soupçonnait la présence des travailleurs, et quoique ceux-ci fussent heureusement masqués ou par des plis de terrain ou par de fortes haies, ce feu constamment nourri ne laissait pas de faire dans les batteries et les tranchées de nombreuses victimes. Souvent même les boulets venaient ricocher jusque dans les campements. Le chef de bataillon du génie Vaillant, qui avait pris comme chef de tranchée la place du commandant Chambaud, frappé mortellement la veille, fut lui-même atteint à la jambe gauche, le 1er juillet, d'un biscaïen qui le mit hors de combat. Le chef de bataillon Lenoir prit la direction des travaux.

Ce n'était pas seulement par le canon que les Turcs s'efforçaient d'arrêter les progrès de l'armée assiégeante; constamment inquiétée, à ses deux extrémités surtout, par un feu nourri de tirailleurs embusqués dans les ravins qui auraient dû lui servir de défense, elle avait souvent à repousser des attaques de vive force, quelquefois même à reconquérir par des combats acharnés des positions un moment perdues. A l'extrême droite, le consulat de Suède notamment fut le théâtre d'une lutte opiniâtre où le 2ᵉ régiment de marche ne perdit pas moins de cinquante-cinq hommes. Considérable en soi, ce poste devait être d'autant plus important à garder que le général de La Hitte avait jugé nécessaire d'y établir, à 800 mètres de la face sud-ouest, une nouvelle batterie de quatre obusiers de huit pouces. Commencé dans la soirée du 1ᵉʳ juillet, cet ouvrage reçut le nom de batterie Henri IV et prit le n° 1, comme tenant la droite des attaques. En outre, deux pièces de campagne furent amenées dans les jardins du consulat et braquées sur les pentes qui descendaient à l'est vers la mer. A l'extrême gauche, les travailleurs employés à la construction de la batterie Saint-Louis souffraient peut-être davantage. A la faveur d'un ravin qu'on avait eu le tort de croire impraticable, l'ennemi les fusillait en même temps par le flanc et par derrière. Il fallut les couvrir d'un parados formé d'une gabionnade couronnée de sacs à terre et dont la garde fut confiée à des tireurs choisis. De plus, une batterie de deux pièces de campagne fut élevée sur un mamelon en arrière, afin de battre la croupe occupée par l'ennemi et de l'empêcher désormais de prendre les travaux à revers.

Tandis que les troupes de terre travaillaient, combattaient ou se gardaient dans leurs camps, leur attention fut tout à coup distraite, dans la journée du 1ᵉʳ juillet, par une vive canonnade du côté de la mer. Il y avait déjà plusieurs jours que le général en chef avait invité le vice-amiral Duperré à faire contre la ville d'Alger une démonstration navale et même, s'il y avait lieu, un essai de bombardement. « La seule position à prendre par les bombardes serait dans l'est de la ville, mais après la reddition du fort Bab-Azoun, lui avait répondu, le 28 juin, l'amiral, et c'était mon intention de la faire prendre. Dans toute autre, il est bien reconnu que, sous le feu des batteries, les bombardes y seraient sacrifiées sans nul effet. Elles ne pourraient jamais s'en retirer, surtout avec les courants violents qui existent dans ce moment. J'ai été obligé d'envoyer, la nuit dernière, deux bateaux à vapeur retirer de dessous terre, sous le cap Caxine, une corvette et surtout le vaisseau *le Trident,* qui, après avoir cassé deux ancres, dans le coup de vent d'avant-hier qui a de nouveau compromis le salut de toute l'armée, avait déradé et était en dérive. Quant à faire exécuter la fausse attaque par des vaisseaux et frégates qui, presque tous armés sur le pied de paix, sont aujourd'hui désarmés par suite des sacrifices faits en hommes et en embarcations si utiles pour les relever de la côte, en cas de besoin, je dois encore vous dire que la marine fera, dans cette circonstance, tout ce qu'elle pourra. » Le 1er juillet, une division de bâtiments armés en guerre vint donc, sous les ordres du contre-amiral de Rosamel, défiler devant les batteries et les forts de la côte depuis la pointe Pescade jusqu'au môle, et c'était la canonnade échangée qui, pendant une heure et demie, avait excité parmi les troupes de terre un intérêt et une attente que l'événement ne justifia pas. Cette démonstration resta sans effet; toutefois le général en chef insista pour qu'elle fût renouvelée au moment où les batteries de siége seraient en état d'ouvrir leur feu, c'est-à-dire, selon toute apparence, le surlendemain, 3 juillet.

Ce fut également en vue d'un événement prochain et décisif que M. de Bourmont fit une nou-

velle disposition de ses troupes. La brigade de
Montlivault et la brigade Monk d'Uzer, moins le
bataillon du 48ᵉ détaché à Sidi-Ferruch, furent
appelées à rejoindre leurs divisions respectives,
tandis que la brigade Clouet remplaçait la première à Chapelle et Fontaine, et la brigade Poret
de Morvan la seconde à Staouëli. Le 2 juillet,
après une journée de combats aussi rude que la
veille, l'armement des batteries commença; mais,
contrairement à l'espoir du général en chef, la
nuit s'écoula sans qu'il fût entièrement achevé;
dans la batterie du Roi et surtout dans celle du
Dauphin, les difficultés du terrain et la pente rapide
du sol avaient ralenti la construction des plates-formes; dans les batteries armées, d'ailleurs, les
approvisionnements n'étaient pas encore au complet : il fallut retarder de vingt-quatre heures
l'ouverture du feu.

Cependant, soit qu'il n'eût pas été prévenu
en temps utile, soit que l'état de la mer lui eût
paru exceptionnellement favorable, le vice-amiral
Duperré se résolut à renouveler, le 3 juillet, la
démonstration navale qui, pour atteindre son objet
véritable, eût dû se combiner avec l'action des
batteries de siége. Après deux heures d'une
canonnade qui offrit aux officiers de l'état-major

accourus sur les croupes de la Bouzaréah un curieux spectacle, la flotte s'éloigna sans avarie, laissant Alger sans grand dommage. « Tel est, écrivait le vice-amiral au ministre de la marine, tel est, après le premier mouvement effectué avant-hier par la division de Rosamel, celui opéré aujourd'hui par l'armée navale. Il a dû être une diversion puissante et produire un grand effet sur le moral de l'ennemi. » Sur le matériel, l'effet produit fut beaucoup moindre assurément, pour tout dire, à peu près nul, et si quelques esprits caustiques en outrèrent un peu plus tard la remarque, ce fut un excès de critique, non certes contre la marine, mais contre le rapport excessif de son commandant en chef.

II

Dans la soirée du 3 juillet, les troupes d'artillerie furent averties que le 4, à la première pointe du jour, une fusée tirée du quartier général signalerait aux batteries de siége l'ordre de commencer le feu toutes ensemble. La nuit venue, les dernières dispositions furent prises; rien ne manquait plus en fait d'approvisionnements et d'engins ; derrière chaque batterie, une compagnie d'infanterie se tenait prête à la soutenir ; au dépôt de tranchée, deux compagnies de canonniers étaient placées en réserve pour fournir au remplacement des chefs de pièce et des servants qui seraient mis hors de combat. Dans cette veillée des armes, les longues heures de la nuit s'écoulaient avec une lenteur qui désespérait les imaginations impatientes. Tout à coup, vers trois heures, des lueurs et des bruits de combat éclatèrent au centre de la ligne. Fait inouï dans les habitudes militaires des Turcs, c'était une surprise qu'ils tentaient sur la batterie du Dauphin. A peine la sentinelle avait-elle donné l'alarme, que déjà les assaillants s'étaient précipités par les embrasures ; mais les canonniers, qu'ils s'attendaient à trouver endormis, étaient sur leurs gardes : la lutte fut vive et courte ; l'ennemi, refoulé à coups de baïonnette, fut poursuivi à coups de fusil. Les pièces n'avaient été ni renversées ni enclouées, et le peu de désordre que cette brusque invasion avait fait dans la batterie fut l'instant d'après réparé.

L'heure approchait : le général en chef vint s'établir au consulat d'Espagne. A trois heures et demie, on apercevait vaguement dans l'ombre la masse du château de l'Empereur; un quart d'heure après, les embrasures commençaient à devenir visibles. La fusée de signal s'élança vers le ciel. Aussitôt de vives et rapides lueurs jaillirent de toutes les batteries françaises, et l'armée salua de ses joyeuses clameurs la diane matinale battue par le canon. Aux premiers coups, le fort était resté muet : évidemment les Turcs ne s'étaient pas attendus à cette aubade; mais, dès la seconde salve, ils étaient accourus bravement à leurs pièces, et leur réponse ne s'était point fait trop attendre. L'air était calme; pendant quelque temps la forteresse et les batteries françaises disparurent, comme perdues dans d'épais nuages à chaque instant sillonnés par des traits de feu. Avec le soleil, une brise légère souffla de l'est, emporta la fumée et découvrit la scène. L'artillerie rectifia son tir; en peu d'instants, les balles de laine dont les Turcs avaient garni leurs épaulements furent éventrées et dispersées; bientôt des éclats de pierre signalèrent les désordres produits par les boulets et les obus sur la maçonnerie des merlons. L'effet des bombes se fit plus attendre : ce ne fut guère qu'après cinq heures que leur tir fut définitivement réglé; mais alors elles atteignirent leur but avec une justesse parfaite : celles qui dépassaient le bastion tombaient ou dans l'intérieur du château ou sur la tour même.

Cependant les assiégés ne donnaient aucun signe de faiblesse. Excités par l'exemple de leur chef, qui était l'un des ministres du dey, le khaznadj même, les huit cents Turcs et les douze cents Maures ou Coulouglis dont se composait cette garnison d'élite surent mériter l'estime de l'armée française. A travers les embrasures élargies, par-dessus les merlons ruinés, on voyait autour des pièces les servants tomber et se succéder sans relâche. Pendant quatre heures, le feu du château fut aussi vif, sinon aussi régulier que celui des batteries françaises. Le plus souvent, les boulets turcs, dépassant le but, allaient tomber au dépôt de tranchée, ou dans les bivouacs de la deuxième division. Vers huit heures, l'artillerie française avait une supériorité marquée; plusieurs des pièces de l'ennemi étaient réduites au silence, et le nombre de celles qui tenaient encore se réduisait à chaque instant. A neuf heures, on n'en comptait plus que cinq ou six; l'une d'elles, dont le feu se faisait particulièrement remarquer, n'était servie que par deux hommes. Des sommets de la Bouzaréah, d'où l'on ne perdait aucun détail de cette scène émouvante, on vit quelque temps encore ces deux canonniers impassibles charger et pointer tour à tour, sans souci du vide qui s'était fait autour d'eux, ni de l'isolement absolu où ils allaient rester peut-être. En effet, vers neuf heures et demie, quelques hommes d'abord, puis des groupes de plus en plus nombreux, commencèrent à s'esquiver par la porte du fort qui regardait la ville et à faire retraite vers la Kasbah; en moins d'une demi-heure, les observateurs placés sur la Bouzaréah comptèrent plus de cinq cents de ces fugitifs.

A dix heures, le feu du château avait complétement cessé; déjà le général de La Hitte donnait l'ordre de battre en brèche, et les chefs de pièces s'occupaient de modifier leur pointage. Tout à coup une flamme jaillit, une puissante détonation secoua la terre, puis on ne vit plus rien. Au milieu d'une fumée noire et suffocante, dans les batteries, dans les tranchées, dans les campements, une grêle de pierres brisées, de poutres rompues, d'éclats de fer et de bronze, mêlés de flocons de laine roussie, tombait et s'abîmait avec fracas; plusieurs hommes çà et là furent grièvement blessés. Après quelques minutes d'ébranlement parmi les troupes surprises, le calme revint, et, sous le nuage qui continuait de s'élever et de s'étendre, on commença d'apercevoir le château de l'Empereur ruiné par l'explosion de son magasin à poudre. Pour les observateurs placés dans les batteries, la tour centrale avait disparu, mais la face sud-ouest restait à peu près dans l'état où l'avait mise la canonnade; de la Bouzaréah on apercevait l'étage inférieur de la tour encore debout et la face nord-ouest ouverte par une brèche énorme.

Dès qu'on se fut un peu reconnu, le général Hurel, qui commandait la tranchée, fit prendre les armes aux compagnies de soutien, et, contournant le château, y eut bientôt pénétré par la brèche. Bientôt arrivèrent les généraux Valazé et de La Hitte avec des détachements de l'artillerie et du génie. Un entassement désordonné de décombres, de boulets, d'éclats de bombes et d'obus, entremêlés de cadavres et de débris humains, tel était l'aspect sinistre qu'offrait à première vue l'intérieur du château. Cependant, l'œuvre de destruction n'avait pas réussi au gré des Turcs; car ce n'était pas une bombe française, comme on se l'était imaginé d'abord, qui avait mis le feu aux poudres. Trompé dans la confiance absolue que lui inspirait la solidité de ses murailles, et consterné des effets foudroyants de l'artillerie française, le khaznadj avait pris la résolution violente d'enlever à l'assiégeant le prix de sa victoire en ne lui abandonnant que des ruines. Peut-être même avait-il compté qu'une partie considérable de l'armée française périrait abîmée sous les débris du fort. Cependant l'explosion des poudres, hâtive et incomplète, avait trahi son espoir et laissé debout au-dessus de la Kasbah la menace du château de l'Empereur.

En effet, les Français n'avaient pas tardé à tourner contre Alger les nouveaux moyens d'attaque qu'ils venaient d'acquérir. Déjà une batterie de dix pièces était commencée sous l'angle oriental du château. En attendant qu'elle pût être armée, trois des pièces turques placées sur la face sud-est et deux pièces de campagne amenées au-dessous eurent promptement éteint le feu du fort Bab-Azoun, dont les défenseurs, toutefois, repoussèrent une tentative d'escalade improvisée par la téméraire ardeur des grenadiers du 35e.

Pendant ce temps, la population d'Alger s'agitait dans l'épouvante. On disait que le dey, renfermé dans la Kasbah, avait envoyé aux commandants des forts l'ordre d'imiter l'exemple du khaznadj, et que devant ses plus intimes serviteurs, il s'était écrié : « Aussi longtemps que mon palais sera debout, je ne traiterai point : j'aime mieux faire sauter la Kasbah et toute la ville que de me soumettre. » On se trompait ; Hussein avait pris le parti de négocier. Vers deux heures, un poste de voltigeurs établi dans une maison située à mi-chemin entre la Kasbah et le château de l'Empereur vit s'avancer un Turc qui agitait un drapeau blanc ; on le conduisit au général en chef, dans l'intérieur même du château. C'était le premier secrétaire du dey, Sidi Mustapha. Il venait, de la part de son maître, offrir, avec les réparations qu'on avait si souvent réclamées de lui pour l'insulte faite au consul Deval, le payement des frais de la guerre. L'offre était dérisoire. Le général de Bourmont répondit au parlementaire que si son maître ne commençait pas par livrer aux Français la Kasbah, les forts et le port, il n'y avait pas de négociation possible. Après avoir exprimé des doutes sur l'acceptation de ces préliminaires, le négociateur avoua que l'obstination du dey, depuis le commencement des difficultés, avait été bien funeste, et il ajouta, en se retirant, ces paroles remarquables : « Lorsque les Algériens sont en guerre avec le roi de France, ils ne doivent pas faire la prière du soir avant d'avoir obtenu la paix. »

Peu d'instants après, deux Maures, des premiers de la ville, Sidi bou Derba et Hadj Hassan, se présentèrent devant le général en chef. Tous deux parlaient français. Non-seulement ceux-ci n'essayèrent pas plus que le premier parlementaire d'excuser les torts de leur maître, mais ils firent si bon marché de sa personne même qu'ils proposèrent à M. de Bourmont de lui apporter sur un plat la tête du dey, dans l'espoir que cette satisfaction épargnerait à leurs compatriotes le malheur de voir entrer chez eux les Français. Mais quand ils virent le général en chef, insensible à l'offrande, exiger la soumission absolue d'Alger, ils se réduisirent à demander au moins la suspension des hostilités; car, depuis la catastrophe du château de l'Empereur, l'artillerie française et celle de la Kasbah n'avaient pas cessé d'échanger des boulets. Cette canonnade donna même lieu à un petit incident qui égaya fort les témoins de la conférence. A chaque détonation, les négociateurs maures, visiblement émus, s'efforçaient néanmoins de faire bonne contenance; mais un certain boulet turc ayant sifflé de plus près à leurs oreilles, l'un d'eux plia tellement les épaules que le général de La Hitte, le saisissant tout à coup par le bras, lui dit en riant : « Eh!

parbleu, monsieur, de quoi vous inquiétez-vous? Cela ne vous regarde pas; ce n'est pas sur vous que l'on tire. » Le geste et le mot, bien français, firent fortune; ils méritaient de demeurer légendaires.

Cependant Hussein, peut-être instruit du peu d'accord qui existait entre le commandant de la flotte et le chef de l'armée française, ne désespérait pas de trouver entre leurs opinions divergentes quelque issue favorable; aussi s'était-il empressé d'entamer auprès du vice-amiral Duperré comme auprès du comte de Bourmont un essai d'accommodement. Mais cette habileté diplomatique ne lui fut d'aucun avantage. « L'amiral de l'escadre algérienne vient en parlementaire, au nom du dey, demander à traiter de la paix, écrivait le commandement de la flotte française au général en chef; je le renvoie à vous et je ne puis suspendre les hostilités que lorsque j'aurai connaissance de vos intentions. Je suis en position de les recommencer. Je l'ai signifié à l'envoyé du dey. » Ainsi repoussé vers le général de Bourmont, dont la résolution inflexible lui était connue par le rapport de son secrétaire, Hussein essaya d'un autre tour. Vers trois heures, Sidi Mustapha reparut, escorté du consul et du vice-consul d'Angleterre ; mais cette compagnie ne lui fut d'aucun secours ; car, dès les premiers mots, le comte de Bourmont, avec une fermeté polie, écarta tout essai de médiation. Mustapha, réduit à lui-même, pria le général en chef de lui donner par écrit les conditions qu'il imposait au dey d'Alger.

La scène se passait en plein air, sous un bouquet d'arbustes, dans un pli de terrain à gauche du château de l'Empereur. Groupés auprès du comte de Bourmont, les généraux Desprez, Berthezène, Des Cars, Valazé, de La Hitte, l'intendant en chef Denniée, plusieurs officiers d'état-major, suivaient avec une vive curiosité les détails de ce dénoûment. Sur l'invitation de M. de Bourmont, le général Desprez prit la plume et commença d'écrire les conditions que lui dictait le général en chef. « 1° Le fort de la Kasbah, tout les autres forts qui dépendent d'Alger et les portes de la ville seront remis aux troupes françaises, le 5 juillet, à dix heures du matin (heure française). 2° Le général en chef de l'armée française s'engage envers S. A. le dey d'Alger à lui laisser sa liberté et la possession de toutes ses richesses personnelles. 3° Le dey sera libre de se retirer avec sa famille et ses richesses dans le lieu qu'il aura fixé. Tant qu'il restera à Alger, il sera, lui et sa famille, sous la protection du général en chef de l'armée française. Une garde garantira la sûreté de sa personne et celle de sa famille. 4° Le général en chef assure à tous les soldats de la milice les mêmes avantages et la même protection. 5° L'exercice de la religion mahométane restera libre. La liberté des habitants de toutes les classes, leur religion, leurs propriétés, leur commerce, leur industrie, ne recevront aucune atteinte. Leurs femmes seront respectées : le général en chef en prend l'engagement sur l'honneur. 6° L'échange de cette convention sera fait, le 5, avant dix heures du matin. Les troupes françaises entreront aussitôt après dans la Kasbah et dans tous les forts de la ville et de la marine. »

Une copie de ces articles, faite par l'intendant en chef Denniée, fut remise à l'envoyé du dey qui partit aussitôt; mais peu d'instants après on le vit revenir. Comme il importait fort que les articles de la convention, écrits en français, fussent soumis au dey dans la traduction la plus exacte, il demandait qu'un des interprètes de l'armée lui fût adjoint. Ce fut un vétéran de l'expédition d'Égypte, M. Bracewitz, qui fut désigné par le général en chef. Il revint dans la soirée. D'après son récit, Hussein, impassible au milieu des janissaires frémissants, avait écouté la lecture et l'explication des articles. « J'avoue, disait l'interprète encore ému du péril qu'il venait de courir, j'avoue qu'il y a eu des moments où je voyais rouler ma tête avec celle du dey lui-même. » Cependant Hussein avait congédié la dangereuse assistance, et, seul avec l'interprète, il s'était entretenu avec lui sans témoigner aucun dessein de résister aux conditions qui lui étaient faites, si ce n'est qu'il avait trouvé trop rapproché le terme fixé par M. de Bourmont pour la remise de la place : « Va, avait-il dit à Bracewitz, dis-lui qu'il est nécessaire que le délai soit prolongé de vingt-quatre heures. Demain, au lever du soleil, mon secrétaire se rendra au camp pour recevoir sa réponse. »

Quoique, cette difficulté de détail à part, la résignation du dey parût entière et certaine, le général de Bourmont n'en donna pas moins l'ordre de poursuivre les travaux d'approche et de préparer les moyens d'attaque contre la Kasbah, si par hasard les hostilités devaient être reprises. L'artillerie et le génie travaillèrent activement toute la nuit. Le 5, au point du jour, la batterie de dix pièces de 16, commencée la veille sous l'angle oriental du château de l'Empereur, était armée. Une batterie de dix pièces de 24, une autre de huit mortiers de dix pouces, s'élevaient sur le mamelon des Tagarins.

A six heures du matin, Sidi Mustapha reparut; le consul d'Angleterre l'accompagnait encore. Médiateur éconduit et personnage assez embarrassé la veille, il s'était cependant promis, avec la ténacité britannique, d'être pour quelque chose dans la conclusion des affaires. Il est vrai que son intervention était de si petite conséquence et si modeste que M. de Bourmont aurait eu mauvaise grâce à lui refuser cette satisfaction. En fait, le consul venait dire au général en chef que le dey, un peu incertain sur le sens de quelques articles de la capitulation, demandait qu'on lui renvoyât M. Bracewitz. L'interprète retourna donc, avec ordre de maintenir le texte des articles, sauf à retarder d'une heure ou deux, par le fait, l'entrée des troupes françaises, mais à condition que, pour prix de cette complaisance, les naufragés du *Silène* et de l'*Aventure* fussent immédiatement mis en liberté et conduits au quartier général. A dix heures, en effet, M. de Bourmont vit arriver ces malheureux captifs. Quelle allégresse dans l'armée française! La fin de leurs misères était le premier gage de son triomphe. C'en était fait de la puissance algérienne. Hussein avait apposé son cachet sur la capitulation : « A midi, avait-il dit, les portes seront ouvertes à l'armée française. »

CHAPITRE VIII

ALGER ET BLIDA

I. Entrée dans Alger. — Le trésor. — La Kasbah. — La ville. — II. Entrevues du comte de Bourmont et de Hussein. — Départ du dey et d'une partie des Turcs. — Les beys. — Le bey de Titteri. — Expédition de Blida.

I

Le 4 juillet, après l'explosion du château de l'Empereur, une vive agitation s'était produite parmi les Arabes et les Kabyles campés sur la plage ; puis tout d'un coup, comme d'un commun accord, ils avaient pris leur course et disparu vers la plaine de la Métidja. C'était l'avant-garde de l'émigration algérienne. Pendant tout le reste du jour, on vit sortir par la porte Bab-Azoun et s'éloigner dans la même direction des troupes de fugitifs poussant devant eux des mulets lourdement chargés, tandis que des barques encombrées de passagers et de bagages quittaient le port et s'efforçaient de gagner les parages du cap Matifou. La nuit venue, les principaux de la ville, convoqués par le muphti, s'étaient assemblés dans la grande caserne des janissaires. Là, malgré les excitations fanatiques de quelques ulémas qui voulaient provoquer une résistance désespérée dans la ville même, ou tout au moins ouvrir par la force un passage à travers les rangs de l'armée française, la chute de la puissance algérienne fut acceptée comme un jugement de Dieu.

Pendant que le plus grand nombre, sans espoir, mais sans terreur excessive, rentrait et se renfermait chez soi pour attendre la journée du lendemain, les plus violents ou les plus timides mettaient à profit, pour s'éloigner à la hâte, les dernières heures de la nuit. Au point du jour, il ne restait donc plus dans Alger qu'une population résignée fatalement à sa nouvelle fortune. Les janissaires eux-mêmes, abdiquant la domination, s'étaient retirés dans leurs casernes. A la Kasbah, tout était en désordre; les serviteurs et les esclaves du dey s'agitaient pour recueillir les meubles précieux, les riches vêtements, les belles armes, tous les objets de prix qui appartenaient à leur maître. Hussein présidait gravement à ce tumulte, et il attendait, avant de descendre avec ses femmes dans une des maisons de la ville qui était sa propriété particulière, qu'on lui annonçât l'approche du vainqueur.

Au camp français, le comte de Bourmont

disposait tout pour l'occupation militaire et l'administration d'Alger. Le général Tholozé allait prendre le commandement de la place; M. d'Aubignosc, un administrateur qui s'était fait remarquer sous le maréchal Davout, à Hambourg, était nommé lieutenant général de police. Une commission de gouvernement, dans laquelle ils avaient place l'un et l'autre et dont faisaient également partie le payeur général de l'armée, M. Firino, et le consul Deval[1], était instituée sous la présidence de l'intendant en chef, M. Denniée. Quant aux points relatifs à l'occupation militaire, le général en chef avait réglé que la porte et le fort Bab-el-Oued seraient occupés par des troupes de la première division, la porte et le fort Bab-Azoun par des troupes de la troisième. C'était à la deuxième division qu'était réservé l'honneur de fournir, avec l'escorte du général en chef, la garde de la Kasbah et celle de la porte Neuve, qui s'ouvrait à mi-côte, entre la citadelle et la ville. Tous les corps qui devaient figurer dans cette solennité militaire avaient reçu l'ordre de se mettre en grande tenue.

Afin d'honorer et de récompenser les services que l'artillerie et le génie n'avaient pas

---

[1] Neveu de celui qui avait été insulté par le dey.

cessé de rendre depuis l'ouverture de la campagne, le comte de Bourmont avait autorisé les généraux de La Hitte et Valazé à placer en tête de la colonne qui devait pénétrer par la porte Neuve des détachements des deux armes spéciales. Mais les voitures de l'artillerie ayant bientôt encombré le chemin à peine praticable qui du fort de l'Empereur menait à la porte Neuve, il en résulta quelque désordre et surtout un regrettable retard. En dépit des consignes et las d'attendre, un certain nombre d'hommes isolés s'étaient aventurés dans la ville, et suivant une ruelle tortueuse qu'ils avaient trouvée devant eux, ils étaient arrivés jusqu'à la Kasbah. Hussein venait d'en sortir. Aux esclaves du dey qui s'étaient attardés pour rapporter à leur maître tout ce qu'il leur serait possible de sauver encore, s'étaient mêlés des Maures et des Juifs qui furetaient et recueillaient pour leur propre compte. Le premier uniforme français qui parut fit sur cette cohue affairée l'effet d'un épouvantail; en quelques instants tous eurent fui. Chacun, dans sa terreur, s'était débarrassé de son fardeau; çà et là gisaient des bijoux, des coffrets, des tapis, des coussins, des vêtements de femmes. Ces épaves, dont les premiers arrivants s'emparèrent, n'étaient pas au fond d'une valeur considérable; mais leur séduisante apparence, la nouveauté, la bizarrerie des formes, l'éclat des couleurs, jusqu'à l'imprévu qui semait comme dans un conte de fée ces riens brillants à l'aventure, tout devait exciter des fantaisies de convoitise qui ne trouvaient pas de difficultés à se satisfaire. Cependant ce fut un mal. Quand, plus tard, l'armée tout entière eut à protester contre ce qu'on appela le pillage de la Kasbah, les premiers qui avaient cédé à la tentation durent souvent regretter d'avoir fourni à la calomnie des prétextes et pour ainsi dire les germes d'où étaient sorties les imputations les plus odieuses. Enfin le général en chef arriva; l'ordre se rétablit : des factionnaires furent placés devant la porte des appartements particuliers du dey et de ses femmes.

Au milieu de la confusion qui venait de cesser à peine, un Turc était resté, grave, impassible, sous une des galeries qui entouraient la cour principale de la Kasbah : c'était le khaznadj, le vaillant chef qui la veille avait détruit, après une vaine, mais héroïque défense, le château de l'Empereur. Ministre des finances du dey, il attendait, les clefs du trésor à la main, que les chefs de l'armée victorieuse vinssent le relever de ses fonctions. L'intendant Denniée, le général Tholozé et le payeur général, M. Firino, qui formaient la commission des finances, se mirent aussitôt en rapport avec lui. De ses déclarations verbales, recueillies et traduites par un des interprètes de l'armée, il résulta que l'administration financière de la Régence était d'une simplicité primitive, et que rien ne ressemblait moins aux formes et aux règles de la comptabilité française, auxquelles évidemment le dey avait pu de bonne foi se refuser d'entendre, lorsqu'on les avait opposées naguère à ses réclamations dans l'affaire Bacri. En effet, il n'y avait ni registres ni documents d'aucune sorte constatant les recettes et les dépenses, ni moyen de connaître, à un moment donné, la situation du trésor. Réduite à l'opération matérielle d'un versement sans vérification ni contrôle, l'entrée des fonds s'offrait comme une occasion toute naturelle et à souhait d'en détourner facilement quelque chose. Quant à la sortie, elle semblait au moins soumise à des précautions dont la garantie d'ailleurs était parfaitement illusoire : il fallait sans doute une décision du Divan pour que des fonds pussent sortir du trésor, et il est bien vrai que le dey lui-même n'y pouvait pénétrer qu'accompagné du khaznadj; mais comme le maître et le ministre pouvaient et devaient se mettre facilement d'accord, la décision du Divan courait grand risque de n'être pas observée par eux avec une fidélité scrupuleuse.

Les premiers renseignements donnés, le khaznadj conduisit les commissaires français dans les salles du trésor. Les unes contenaient, soit dans des coffres, soit dans des compartiments ouverts, des monnaies et des lingots d'argent; dans la pièce consacrée aux monnaies d'or, elles étaient derrière une simple cloison de bois, entassées pêle-mêle sur le sol, sans distinction de valeur, de titre ni d'origine. Après s'être assurés qu'il n'y avait pas d'autre issue que celle par laquelle ils avaient pénétré, les commissaires apposèrent les scellés sur toutes les portes et firent placer dans la galerie sur laquelle ouvrait l'unique entrée du trésor un poste de gendarmerie. L'atelier de monnayage qu'ils visitèrent ensuite, et qui ne contenait en lingots qu'une valeur de 25,000 à 30,000 francs, fut l'objet de précautions analogues; mais, pendant la nuit suivante, un trou fut pratiqué dans la muraille du fond, et les lingots disparurent. On ne put jamais connaître l'auteur ou les auteurs de ce vol.

Le 6 juillet, dans un ordre du jour adressé à l'armée, le général en chef s'exprimait en ces termes : « La reconnaissance de toutes les nations civilisées sera pour l'armée expéditionnaire le fruit le plus précieux de ses victoires. L'éclat qui doit en rejaillir sur le nom français aurait largement compensé les frais de la guerre, mais ces frais mêmes seront payés par la conquête. Un trésor considérable existait dans la Kasbah. Une commission composée de M. l'intendant en chef, de M. le général Tholozé et de M. le payeur général, a été chargée par le général en chef d'en faire l'inventaire. Elle s'occupe de ce travail sans relâche, et bientôt le trésor conquis sur la Régence ira enrichir le trésor français. » Quelques jours après, M. de Bourmont écrivait au prince de Polignac : « Le trésor dont j'ai fait prendre possession au payeur général de l'armée, n'est point encore inventorié. Je ne l'ai point vu, et je ne serais pas d'ailleurs en état d'évaluer moi-même les sommes qu'il peut contenir. Mais le payeur général, l'intendant en chef et le général Tholozé, qui forment la commission des finances, assurent qu'il contient au moins quatre-vingts millions, en espèces d'or et d'argent. Nous avons en outre à la disposition du roi les valeurs des denrées et des marchandises de toute sorte qui appartiennent à la Régence et qu'on peut évaluer, je crois, à vingt millions. Ainsi, ce sera probablement une centaine de millions que j'aurai à faire envoyer au trésor royal. » Malhabiles à évaluer, à première vue, les amas d'or et d'argent entassés dans des salles basses et sombres, les commissaires s'étaient à la légère aventurés dans leurs conjectures, et lorsqu'il leur fallut, vérification faite, rabattre beaucoup du chiffre exagéré qu'ils avaient lancé d'abord, cette rectification mal reçue vint ajouter malheureusement aux méchants bruits que le vol constaté dans l'atelier de monnayage avait fait naître [1].

Pendant que le khaznadj, dans la journée du 5 juillet, faisait aux commissaires français la remise du trésor, le général en chef et son état-major parcouraient avec une curiosité mal satisfaite l'ancienne résidence du dey. Quelle décep-

---

[1] Le trésor, dont l'inventaire fut achevé seulement dans la seconde quinzaine de juillet, se réduisit effectivement à 48,684,528 fr. Ce résultat, publié à Paris au lendemain des journées révolutionnaires, donna lieu contre le maréchal de Bourmont et ses principaux aides aux accusations les plus odieuses. Le nouveau gouvernement eut le tort de s'y associer d'abord dans une certaine mesure : mais une enquête ayant été prescrite et faite par des hommes qui ne pouvaient pas être suspects d'indulgence pour les serviteurs du régime déchu, la conduite et les opérations de la commission des finances instituée immédiatement après la capitulation d'Alger furent reconnues parfaitement régulières, les calomniateurs confondus et les calomniés rétablis dans tous leurs droits à l'estime publique.

tion pour des imaginations françaises qui s'étaient fait fête de visiter dans ses merveilleux et voluptueux détails un palais des *Mille et une Nuits!* La Kasbah n'était ni un palais ni même une habitation tolérable. Pour s'en convaincre, il faut lire la description qu'en a faite, en manière de procès-verbal, l'intendant Denniée. L'art y manque absolument, mais l'exactitude est parfaite, et la sécheresse même de l'écrivain tourne au profit de la vérité. « C'est, a-t-il dit, une enceinte informe, fermée par des murailles blanchies à la chaux, d'une hauteur prodigieuse, sans issues, sans jours, crénelées à la moresque, et desquelles s'échappent, par de profondes embrasures, sans ordre ni alignement, de longs canons dont la bouche est peinte en rouge. On y pénètre par un porche sombre, au centre duquel s'élève une coupe en marbre blanc d'où coule une eau limpide. Ce porche, grossièrement décoré de larges lignes rouges et bleues et de quelques petits miroirs, est le lieu où se tenaient les nègres qui formaient, dans les derniers temps, la garde fidèle du dey. Ce porche franchi, une ruelle conduit d'un côté au magasin à poudre, et de l'autre à l'entrée de la cour intérieure où le dey faisait sa demeure. Cette cour, dallée en marbre blanc, est carrée;

elle offre, sur trois de ses côtés, des galeries soutenues par des colonnes torses. Sous l'une de ces galeries est une espèce de retraite, indiquée par une longue banquette couverte en drap écarlate, où le dey se tenait quelquefois. C'est encore sous cette galerie, et de plain-pied, que se trouvaient les salles renfermant le trésor. Le premier étage se compose de quatre galeries. Dans l'une de ces galeries était placée une espèce de palanquin, sous lequel le dey venait entendre la musique. Ce meuble bizarre était adossé à de petites chambres où se trouvaient encore, après le départ du dey, quelques harnachements de chevaux, etc. [1]. L'une des galeries du premier étage communiquait à une longue batterie qui commandait la ville, et aussi, par un véritable escalier de moulin, à une galerie supérieure où venaient aboutir les quatre longues chambres, sans glaces ni tentures, mais blanchies à la chaux, qui formaient l'appartement du dey. Cette galerie supérieure conduisait, par une porte incroyablement basse, au quartier des femmes, composé de

---

[1] D'autres visiteurs du premier jour ont noté, outre le mobilier habituel de l'Orient, divans, coussins, tapis, coffres, pipes et armes damasquinées, des miroirs de Venise, des pendules anglaises à cadran arabe, de grands vases de porcelaine, et jusqu'à une lunette astronomique.

six petites pièces et clos par de hautes murailles. Ces appartements n'obtenaient de jour que par une cour intérieure dont le sol était à la hauteur du premier étage. D'un côté, cette triste demeure était appuyée par les batteries qui commandaient la montagne dans la direction du château de l'Empereur, et de l'autre, c'est-à-dire du côté de la cour principale, par une épaisse muraille d'où, pour satisfaire la timide curiosité des femmes, on remarquait, dans quelques-unes des chambres, des espèces de meurtrières longues et étroites projetées diagonalement, et d'où l'œil sollicitait la vue de quelques pieds de la galerie supérieure où le dey venait parfois se délasser. C'est encore dans le voisinage de l'appartement des femmes que se trouve un espace décoré du nom de jardin, et dans lequel on ne parvient, après cent détours bizarres, qu'en descendant soixante ou quatre-vingts degrés. Ce jardin, encaissé dans de hautes murailles d'une blancheur éblouissante, ayant pour tout ombrage un long berceau de jasmin, était le seul lieu dont l'accès fût permis aux femmes. »

Telle était la Kasbah; la ville, au point de vue de l'art, ne valait ni plus ni moins que cette citadelle bizarre et maussade. Presque toutes les cités

d'Orient ont ce commun caractère : à distance
elles séduisent, au dedans elles attristent. Alger
n'était point fait pour démentir cette observation
déplaisante; pour tous monuments, les établissements de la marine et quelques mosquées sans
grandeur; partout des maisons à peu près uniformes, cubes de pierre accolés ou étagés les uns
au-dessus des autres; de grands murs blancs, nus,
percés comme à regret de rares lucarnes fortement
grillées et de portes basses, profondes, quelquefois inférieures au sol, comme des portes de
cave; entre ces murs, des ruelles étroites, souvent
écrasées sous des voûtes, avec des retraites ména-
gées de distance en distance dans l'épaisseur
des maçonneries pour aider au passage des
bêtes et des gens, à moins que quelque marchand
ne s'en fût accommodé pour son commerce, car
les boutiques n'étaient guère autre chose. De ces
ruelles, les unes, qui descendaient de la citadelle
au port, semblaient plutôt des escaliers aux larges
marches de pierre; les autres, transversales et qui
auraient dû être de plain-pied, étaient comme
à dessein inégales et toujours tortueuses. Une
seule avait assez de largeur pour être vraiment
une rue : c'était celle qui, tout au bas de la ville,
joignait, en longeant la Marine, la porte Bab-el-

Oued et la porte Bab-Azoun ; mais les échoppes y étaient accumulées en si grand nombre et dans un tel désordre que la circulation n'y était guère moins difficile qu'ailleurs.

En prenant leurs postes ou en établissant des communications des uns aux autres, nos soldats ne cherchaient à dissimuler ni leur curiosité ni leur surprise. Cette ville triste et muette leur causait des impressions étranges ; cependant elle n'était point déserte ; çà et là un marchand assis devant sa boutique fermée ; sur les terrasses, quelques femmes juives ; dans les carrefours, des groupes de Maures et de Turcs fumant en silence ; mais si les gens d'Alger étaient pour les Français un spectacle, les Français ne semblaient pas en être un pour eux ; on eût dit vraiment qu'ils ne s'apercevaient pas de leur présence. C'était cette dédaigneuse indifférence des vaincus qui étonnait les vainqueurs davantage. La dignité froide des races d'Orient, leur calme fataliste, inconnu à la vivacité française, l'irritaient comme une protestation insolente.

Alger, malgré tout, n'en appartenait pas moins aux Français. La Kasbah et la porte Neuve occupées par la brigade Damrémont, la porte et le fort Bab-el-Oued par la brigade Achard, la porte, le faubourg et le fort Bab-Azoun par la brigade de Montlivault, la Marine par les sapeurs du génie et les canonniers, l'artillerie de campagne en batterie sur la plage et près du château de l'Empereur, le reste de l'armée de siége tout autour d'Alger, la flotte enfin rangée devant le port, tout attestait la victoire de la France et la chute définitive de la puissance algérienne. Vingt jours avaient suffi « pour la destruction de cet État, dont l'existence fatiguait l'Europe depuis trois siècles [1] ».

II

Le 7 juillet, dans la matinée, on vit une troupe de chefs turcs et maures, escortés par une compagnie de grenadiers français, monter de la ville à la Kasbah : c'était le dey qui venait faire visite à son vainqueur. Hussein était vêtu simplement; mais il montait, grave et calme, un cheval bai richement caparaçonné : sur son passage, les postes français présentaient les armes, les tambours rappelaient. La dignité de son attitude

[1] Ordre du jour du 6 juillet 1830.

frappa les officiers du général en chef qui vinrent à sa rencontre. Accueilli courtoisement par le comte de Bourmont, il s'entretint avec lui de son prochain départ. C'était à Malte qu'il aurait voulu se retirer d'abord; mais l'intérêt de la France ne permettant pas que le souverain dont la déchéance causait tant d'irritation en Angleterre devînt l'hôte et le protégé du gouvernement britannique, Livourne fut indiqué au lieu de Malte, puis enfin Naples accepté d'un commun accord. L'entrevue finissant, Hussein demanda la permission de parcourir une dernière fois cette Kasbah d'où il avait dominé si longtemps Alger, la Régence et la mer. M. de Bourmont voulut le conduire lui-même et l'invita poliment à désigner tous les objets, armes, meubles, étoffes, tapisseries, qu'il désirait emporter dans sa retraite.

Le lendemain, ce fut au tour du général en chef de descendre à la ville pour visiter son ancien adversaire. Hussein commença par remercier le vainqueur de sa courtoisie généreuse, puis faisant un retour sur lui-même et sur le renversement de sa fortune : « J'avais été, dit-il, toujours persuadé de la justice de ma cause, mais je reconnais que je m'étais trompé, puisque j'ai été vaincu. Je dois me résigner à la volonté de Dieu. On m'a représenté comme un homme cruel et féroce : que l'on consulte mes sujets, surtout les plus pauvres, et l'on aura la preuve du contraire, car je leur ai fait du bien ; je vous les recommande. Je sais que vous avez perdu un fils, je vous plains, et j'apprécie d'autant plus votre douleur que la fortune de la guerre ne m'a pas non plus épargné ; un neveu que j'aimais tendrement m'a été enlevé ; mais nous devons nous résigner à la volonté de Dieu. C'est à Naples que je dois me retirer. Je pars avec la conviction que le roi de France ne m'abandonnera pas. Il est généreux, puisqu'il vous a commandé tout ce que vous faites. »

Deux jours après, le 10, le dey s'embarqua sur la frégate *Jeanne d'Arc* avec son harem, son gendre Ibrahim, ses ministres, quelques officiers turcs et ses serviteurs, en tout cent dix personnes, dont cinquante-cinq femmes. Après une quarantaine de dix jours à Mahon, il prit terre, le 31 juillet, à Naples. A peine arrivé, il put apprendre que le puissant souverain qui l'avait vaincu, le roi de France, déchu au lendemain de sa victoire, allait, comme lui, chercher un asile sur la terre étrangère.

La même journée qui avait vu la *Jeanne d'Arc* emporter loin d'Alger l'ancien dey, avait été signalée aussi par l'embarquement d'une grande partie de ses janissaires. Dès le 5 juillet, tous avaient reçu l'ordre de déposer leurs armes, fusils, pistolets, yatagans, soit dans leurs casernes mêmes, soit à la Kasbah, et l'on put croire qu'ils avaient tous et complétement obéi. Après le désarmement, le général en chef avait décidé que les hommes mariés pourraient demeurer provisoirement dans la ville, mais que les célibataires seraient transportés sans délai en Asie Mineure. Ils étaient deux mille cinq cents que cette décision atteignait : il n'y eut parmi eux ni protestation, ni réclamation, ni plainte, ni murmure. On les vit silencieux, impassibles, se préparer sans agitation au départ, faire gravement leurs adieux et se diriger d'un pas tranquille vers le port. Le seul moment de surprise et comme d'émotion fut lorsqu'on remit à chacun d'eux, outre deux mois de leur solde, cinq piastres d'Espagne pour le voyage. Cette libéralité d'un vainqueur troublait toutes leurs idées; elle les touchait en dépit d'eux-mêmes, et ces bouches que l'orgueil musulman tenait obstinément muettes, s'ouvrirent un moment pour exhaler comme par instinct quelques exclamations de reconnaissance. Répartis sur quatre vaisseaux de ligne, c'est à Smyrne que ces deux mille cinq cents Turcs furent transportés.

Les casernes qu'ils laissaient vacantes furent immédiatement assainies et appropriées pour recevoir les malades que les fièvres, la dyssenterie et surtout l'imprudence habituelle du soldat rendaient de jour en jour plus nombreux dans l'armée victorieuse. Dans le même temps, la commission de gouvernement s'efforçait d'organiser l'administration d'Alger d'abord, et autant que possible celle de la région voisine. Pour la ville, son œuvre ne fut ni très-difficile ni très-contestable : elle institua un comité municipal maure, composé des chefs des principales corporations, et en donna la présidence à Sidi bou Derba, l'un des deux négociateurs députés, le 4 juillet, au général en chef et qui, pour conclure sommairement, avaient proposé, comme une solution toute naturelle, d'apporter au vainqueur la tête du dey. Les Juifs, très-nombreux dans Alger, durent garder, suivant la coutume, leur organisation particulière, sous un chef qui fut l'un des fils du vieux Bacri.

Ce fut quand il s'agit de régler les rapports du conquérant français et chrétien, du *Roumi*, avec les tribus de la plaine et de la montagne, que commencèrent les embarras et les fautes. On débuta par une grosse erreur. Comme on comprenait volontiers dans un même ensemble tous les indigènes, comme on ignorait qu'il y eût des distinctions essentielles à faire entre les populations, entre les races qui vivaient côte à côte, mais non confondues, sur le sol de la Régence, on choisit pour la dignité considérable d'aga ou syndic des Arabes, Sidi Hamdan, un riche habitant d'Alger, un négociant, un Maure. C'était le plus malheureux choix qu'on pût faire, le plus antipathique à l'orgueil et aux préjugés des chefs de grande tente, qui n'avaient pas assez de mépris pour les Maures et pour leur trafic. Cependant le caractère arabe, patient et dissimulé, contint d'abord sous une indifférence dédaigneuse le ressentiment d'une injure qui lui avait paru faite à dessein.

A vrai dire, ce n'étaient ni les cheiks ni les caïds qui attiraient l'attention des chefs de l'armée française; c'étaient ceux qui avaient au-dessus d'eux l'autorité apparente, les beys turcs. Après la chute d'Alger, le bey de Constantine, Hadj-Ahmed, avait campé pendant trois jours à peu de distance, sur la rive droite de l'Harrach, autour d'une sorte de ferme fortifiée nommée par les

Arabes Bordj-el-Kantara, Maison-Carrée par les Français. A l'approche d'un régiment conduit en reconnaissance par le général de Montlivault, Ahmed se retira définitivement et reprit le chemin de son beylik, avec le nombreux bétail qu'il avait enlevé du bordj et les beaux chevaux du haras que le dey entretenait un peu plus loin, à la Rassauta. On sut plus tard qu'il n'était pas rentré sans peine à Constantine : surpris au redoutable défilé des Portes-de-Fer par des tribus hostiles, il n'avait pu le franchir qu'en abandonnant à ces gardiens jaloux des Bibans le meilleur de son butin. Du bey d'Oran on n'avait évidemment rien à craindre : Hassan était un vieillard usé, maladif, sans enfants, tout prêt à accepter, pour son compte, les conditions qui lui seraient dictées par le nouveau maître de la Kasbah d'Alger.

Des trois beys, celui dont il était le plus intéressant et le plus urgent de connaître les résolutions, c'était le plus voisin, le bey de Titteri, Mustapha bou Mezrag, le dernier général en chef de l'armée algérienne. La curiosité bien naturelle qu'excitait ce personnage eut bientôt lieu de se satisfaire. De Médéah, chef-lieu de son beylik, où il s'était replié avec son monde, on vit arriver, dès le 6 juillet, l'un de ses fils qu'il envoyait en parlementaire. Le surlendemain, on le vit se présenter lui-même avec une cinquantaine de cavaliers. Dans son entrevue avec le comte de Bourmont, il parut accepter comme un fait irrévocable le grand changement que Dieu avait permis dans le gouvernement de la Régence. On lui laissa son beylik, à la charge de payer au roi de France le même tribut qu'il payait au dey. Il parut reconnaissant, s'offrit, en prolongeant son séjour dans Alger, comme une sorte d'otage volontaire, et fit amener, à la disposition de l'administration française, quinze cents bœufs qui furent mis dans la partie la plus rapprochée de la Métidja, au pacage.

Le 15 juillet, eut lieu avec une certaine solennité la cérémonie de son investiture. L'acte de soumission, écrit en arabe et revêtu de son cachet, était ainsi conçu : « Au nom de Dieu tout-puissant, créateur du monde, je déclare reconnaître de bon cœur le roi de France pour mon souverain et seigneur. Je promets de lui être fidèle et de le servir contre tous les ennemis qu'il a ou qu'il pourrait avoir, et de lui rendre hommage en la même forme et de la même manière que les beys de Titteri avaient coutume de faire au pacha dey d'Alger. Je reconnais recevoir du roi de

France, Charles X le Victorieux, l'investiture du beylik de Titteri, et je promets de lui faire, en ma qualité de bey de Titteri, tous les services et de lui payer tous les tributs que moi ou mes prédécesseurs en cette charge avions coutume de payer à la Régence d'Alger. Je promets de maintenir les peuples habitant le beylik de Titteri dans l'obéissance et la fidélité qu'ils doivent au roi de France, de maintenir le bon ordre et de faire bonne justice à tous, suivant les lois et coutumes du pays. Je compte sur l'engagement qu'a pris, au nom du roi de France, le général en chef commandant son armée en Afrique, que l'exercice de la religion musulmane restera libre, et qu'en ma qualité de bey de Titteri je recevrai, au besoin, du roi de France, toute la protection qu'un vassal peut attendre de son souverain. » Ainsi lié avec son nouveau maître, Mustapha bou Mezrag reprit le chemin de Médéah.

Trois jours après, le bateau à vapeur *Sphinx*, qui avait été dépêché tout de suite après la capitulation d'Alger pour en porter l'heureuse nouvelle en France, rentrait dans le port avec les premiers témoignages de la satisfaction royale et les premières marques de sa munificence : le général de Bourmont avait été créé maréchal; et le vice-amiral Duperré avait reçu la pairie. Le roi attendait les propositions du commandant en chef pour la nomination de trois lieutenants généraux et de six maréchaux de camp, pour les promotions qui suivraient en conséquence dans les grades inférieurs, ainsi que pour les noms à inscrire sur les listes des ordres de la Légion d'honneur et de Saint-Louis.

Avant de quitter Alger, le bey de Titteri avait engagé M. de Bourmont à se montrer hors de la ville et à parcourir la plaine jusqu'au pied de l'Atlas : « La présence du général en chef de l'armée française, disait-il, aura l'effet immédiat de faire naître la confiance générale et de hâter la soumission de toute la province. » Il fallait une démonstration de nature à parler aux yeux de ces peuples qui, pour croire à la force, ont besoin, sinon d'en ressentir les coups, tout au moins d'en voir directement l'appareil. Des nouvelles arrivées sur ces entrefaites en prouvaient la nécessité. On apprenait que certaines tribus des contre-forts de l'Atlas, les Beni-Sala et les Beni-Meçaoud notamment, avaient enlevé dans la Métidja cinq ou six cents bœufs qui restaient de l'envoi fait par le bey de Titteri, et d'autre part que les Kabyles menaçaient Blida, la ville des orangers; les habitants avaient même députe au maréchal de Bourmont pour lui demander la protection des armes françaises. Cependant l'aga des Arabes, Sidi Hamdan, était contraire au projet d'une excursion militaire; il la trouvait au moins prématurée; il pensait qu'il fallait attendre le règlement en bonne forme des rapports à venir entre les Français et les indigènes, et il appuyait son opinion de l'autorité considérable d'un chef puissant dans la tribu des Flissa, Ben Zamoun. En dépit de ces remontrances qui lui parurent dictées par une prudence hors de saison, le maréchal résolut d'exécuter ce qui ne devait être, à son sens, qu'une promenade militaire.

Il avait donné des ordres pour faire évacuer et raser les ouvrages échelonnés depuis la pointe de Sidi Ferruch jusqu'à Alger; l'armée concentrée autour de la ville devait y avoir désormais sa base d'opération. Un bataillon d'infanterie légère, huit compagnies de voltigeurs, un escadron de chasseurs à cheval, un détachement de sapeurs du génie, deux sections d'artillerie, l'une de campagne, l'autre de montagne, furent désignés pour accompagner le maréchal, sous le commandement du général Hurel. Vingt Maures et Arabes étaient avec l'aga en personne à la suite de l'état-major.

Le 22 juillet au soir, les troupes commandées pour l'expédition allèrent prendre leur bivouac à trois lieues et demie d'Alger. Le 23, de bon matin, le maréchal les rejoignit. La colonne se mit en route. C'était en vérité une promenade champêtre. La plaine sans culture, envahie par les hautes herbes, hérissée de broussailles, encombrée de palmiers nains, témoignait d'une puissance de végétation qui pour donner ses richesses n'attendait que des soins réguliers et intelligents. On croisait à tout moment des Arabes conduisant à la ville leurs ânes chargés de volailles, de légumes et de fruits. Plus loin on distinguait çà et là les tentes basses de quelque tribu pastorale et de nombreux troupeaux gardés par des cavaliers en vedette. Cependant la chaleur devenait ardente, et le chemin s'allongeait beaucoup plus qu'on n'avait pensé. Enfin, au soleil déclinant, on vit croître au-dessus de l'horizon le profil des montagnes, et Blida la voluptueuse[1] apparut comme une blanche vision, ceinte d'orangers, baignée d'eaux vives et couronnée par la verdure magnifique des pentes qui lui servaient d'appui. Il y avait là des oliviers grands comme de beaux

---

[1] L'épithète arabe de Blida est beaucoup plus expressive : *courtisane* serait encore faible.

chênes, dont le port et le feuillage humiliaient la jactance étonnée de nos Provençaux. L'accueil des habitants fut parfait; une députation de notables était venue plus d'une lieue au-devant de la colonne. Les troupes s'étaient d'abord établies dans les jardins et les enclos : par un juste sentiment de prudence militaire, sur les observations du duc Des Cars et du général de La Hitte, le maréchal fit transporter les bivouacs hors des clôtures, sur un terrain plus découvert, moins facile aux surprises. Le quartier général ne quitta cependant pas le logis qu'il avait pris en arrivant dans le cimetière, au voisinage des orangers, sous la garde de deux compagnies d'infanterie et de vingt-cinq chasseurs. La nuit fut paisible.

A quatre heures du matin, le 24, le maréchal fit une reconnaissance d'une lieue et demie environ à l'ouest de la ville. Au retour, on entendit des coups de feu : c'étaient des Kabyles qui tiraient de loin sur l'escorte. Il y avait de l'inquiétude, de l'agitation dans Blida; les habitants disaient aux interprètes que les montagnards n'attendaient pour fondre sur la ville et la piller que le départ des Français. Vers le milieu du jour, la fusillade retentit de nouveau; deux conducteurs d'artillerie qui abreuvaient leurs chevaux près de la ville furent surpris et décapités ; d'autres soldats qui s'étaient aventurés dans les jardins ne reparurent pas ; enfin le premier aide de camp du maréchal, le commandant de Trélan, sortant pour aller aux nouvelles, fut atteint d'une balle dans le ventre presque sur le seuil du quartier général. Il n'y avait pas un moment à perdre pour rejoindre le gros des troupes ; déjà en effet les Kabyles et les gens de Blida eux-mêmes s'étaient placés sur la ligne de communication de l'état-major avec elles. Il fallut s'ouvrir un chemin de vive force, les chasseurs en chargeant, l'infanterie à coups de baïonnette. Enfin on rejoignit à mi-chemin trois compagnies de renfort que le général Hurel envoyait pour dégager le quartier général. La colonne reformée se mit aussitôt en mouvement dans la direction d'Alger.

La plaine avait du tout au tout changé d'aspect ; ce n'étaient plus, comme la veille, des tableaux pacifiques. Des groupes nombreux d'hommes à pied, armés de longs fusils, apparaissaient au travers des broussailles, tout autour de la colonne, et du fond de l'horizon accouraient de toutes parts des essaims de cavaliers. Arabes et Kabyles étaient réunis pour faire parler la poudre. Leur attaque était ardente, mais incohérente ; la défense fut méthodique et ferme. On ne cessa pas de marcher en combattant; quand les assaillants s'approchaient trop, une charge des chasseurs, un coup de mitraille ou d'obus les écartaient et les dispersaient. Ainsi bataillant, on dépassa le marais de Bou-Farik, puis on s'engagea dans un défilé entre deux bois de lauriers-roses. Ce fut là qu'eut lieu le dernier effort de l'ennemi : la nuit tombait; il se retira presque tout d'un coup. Après une heure de repos, la colonne reprit sa route et ne fit halte que vers onze heures du soir, à Bir-Touta, près d'un puits entouré de figuiers. Ce fut à ce bivouac, par une singulière occurrence, que M. de Bourmont reçut, au milieu de la nuit, son bâton de maréchal, apporté jusque-là par un envoyé du prince de Polignac, M. de Bois-le-Comte. Le lendemain, 25, à quatre heures du matin, la marche fut reprise : on ne vit plus l'ennemi. A sept heures, on atteignit le pont romain de l'Oued-Kerma; à une heure, les troupes rentraient dans leur campement, avec une perte de quinze morts et de quarante-trois blessés; au nombre des premiers était M. de Trélan; pendant la retraite il avait succombé à sa blessure.

Le maréchal, devançant la colonne, était arrivé au moment où, dans la grande cour de la Kasbah, le premier aumônier célébrait la messe militaire. Il y assista tout poudreux, les traits altérés par la fatigue, l'air sérieux et soucieux. On sut bientôt dans tout Alger que l'excursion pacifique avait eu pour épilogue une vraie journée de guerre.

CHAPITRE IX

LENDEMAIN D'UN TRIOMPHE

I. Effet de la prise d'Alger en France. — Expulsion des derniers Turcs. — Occupation d'Oran et de Bone. — Nouvelles de la révolution de Juillet. — Changement de drapeau. — II. Rappel des détachements d'Oran et de Bone. — Insolence du bey de Titteri. — Premier germe des zouaves. — Arrivée du général Clauzel. — Départ du maréchal de Bourmont.

I

L'envoyé du prince de Polignac avait pu faire connaître au maréchal de Bourmont les impressions diverses que la conquête d'Alger avait produites en France. La nouvelle avait été connue le 9 juillet à Paris. La cour s'était mise en fête; un *Te Deum* avait été chanté; le roi et les ministres avaient reçu les compliments d'usage; il y avait eu des illuminations dans quelques quartiers de la ville; mais la satisfaction du public était loin d'égaler par ses éclats le magnifique triomphe des armes françaises. Tous les jours plus puissante et plus active, l'opposition n'accueillait qu'avec une froideur malveillante le succès d'une expédition qu'elle avait blâmée dès le début et surveillée dans ses péripéties d'un regard de plus en plus défiant et jaloux. Dans l'état d'exaspération où l'antagonisme politique avait porté les esprits de part et d'autre, on avait bien compris l'influence que la campagne engagée en Afrique ne pouvait manquer d'avoir sur la campagne engagée en France. Le canon qui annonçait la prise d'Alger annonçait en même temps le combat décisif que le roi Charles X et ses ministres avaient résolu de livrer sans plus attendre aux champions des institutions parlementaires.

En même temps, le roi et ses ministres étaient également décidés contre les prétentions exigeantes de l'Angleterre au sujet d'Alger. Le 25 juillet, l'ambassadeur de France à Londres, le duc de Laval, au moment de s'en aller en congé à Paris, échangeait avec lord Aberdeen des adieux d'une courtoisie menaçante. « Jamais, disait le ministre de la couronne britannique, jamais, ni sous la République ni sous l'Empire, la France n'a donné à l'Angleterre des sujets de plainte aussi graves »; et il ajoutait : « Je me sépare de vous avec plus de peine que jamais, car peut-être ne sommes-nous plus destinés à nous revoir. » A quoi le duc de Laval répliquait fièrement : « J'ignore, milord, ce que vous pouvez espérer de la générosité de la France; mais ce que je sais, c'est que vous n'obtiendrez jamais rien d'elle par la menace. » Le même jour, Charles X à Saint-Cloud signait les *ordonnances;* son trône était renversé, la révolution triomphait, et la question d'Alger se confondait dans les agitations bien autrement redoutables qui menaçaient de bouleverser le continent européen et l'Angleterre elle-même dans son isolement insulaire.

Pendant que les *ordonnances* mettaient Paris en feu, la sécurité de la domination française dans Alger exigeait du maréchal de Bourmont une vigilance soutenue et des mesures sévères. Depuis l'expédition de Blida, une sourde agitation se propageait parmi les indigènes; la colonne française, disait-on entre Turcs et Maures, avait été battue, à peu près détruite : c'était le présage de ce qui attendait les *Roumi.* Il restait dans la ville un millier d'anciens janissaires, mariés, que la tolérance du vainqueur n'avait pas voulu expulser en même temps que les célibataires. Ces hommes avaient seulement été, comme les autres, soumis au désarmement; mais tous ne s'y étaient pas absolument résignés. On en eut des preuves. Des Arabes et des Kabyles furent surpris, comme ils sortaient de la ville, cachant sous leurs vêtements ou dans le chargement de leurs bêtes des munitions et des armes qui leur avaient été remises par des Turcs : ils en firent l'aveu, mais ils refusèrent d'en désigner personnellement aucun. Deux de ces indigènes furent condamnés à mort par une commission militaire et exécutés. Tout ce qu'il y avait de Turcs reçut l'ordre de se préparer à partir. Comme les premiers, ceux-ci furent embarqués sur des navires de guerre et transportés à Smyrne. Ainsi l'ancien odjak disparut totalement d'Alger ; ses derniers représentants dans la Régence se trouvaient, les uns à Constantine avec le bey Ahmed, les autres avec le bey Hassan à Oran.

Ceux-ci, à l'exemple de leur maître, paraissaient disposés à obéir aux Français. D'Oran, où il avait été envoyé, le fils aîné du maréchal rapporta les meilleures paroles : Hassan ne demandait qu'à prêter, comme le bey de Titteri, serment au roi de France, et à recevoir de son représentant l'investiture ; mais, avec les sept ou huit cents Turcs dont il pouvait disposer, il lui était difficile de contenir les tribus de la campagne, qui, depuis la prise d'Alger, s'étaient mises en pleine révolte Aussi ni lui ni ses officiers ne firent-ils aucune résistance ni protestation, lorsqu'une troupe de marins français prit possession du fort de Mers-el-Kebir. Le 4 août, un régiment d'infanterie, le 21° de ligne, avec un détachement d'artilleurs et de sapeurs du génie, s'embarqua dans le port d'Alger pour aller occuper Oran même.

Dix jours plus tôt, le 26 juillet, une division de la flotte, comprenant deux vaisseaux de ligne, deux frégates, deux bombardes, un brick et une goëlette de guerre, avec un convoi portant un mois de vivres, avait mis à la voile sous les ordres du contre-amiral de Rosamel. Sa destination était double : Bone d'abord, où elle devait mettre à terre la brigade Damrémont, organisée en corps expéditionnaire; ensuite Tripoli, où elle avait à rappeler, par un appareil au moins comminatoire, le respect dû aux intérêts couverts par le pavillon de la France.

Tandis que l'armée conquérante portait ainsi, à l'est et à l'ouest, sur deux des points les plus considérables de l'ancienne Régence, la preuve évidente de sa victoire, une vague inquiétude gagnait les esprits dans Alger même. Ce n'était plus de l'expédition de Blida ni de ses suites probables qu'on se préoccupait; ce n'était point vers l'Atlas que se portaient tous les regards anxieux : c'était la mer qu'on interrogeait, qu'on épiait.

Depuis les nouvelles apportées par M. de Bois-le-Comte, rien, si ce n'est deux ou trois lettres insignifiantes, rien n'était plus arrivé de la métropole. On ne savait rien de cette France où l'on sentait que devaient se passer des événements importants, décisifs peut-être. Enfin, le 4 août, on eut une lueur, lueur sinistre : la Chambre des députés était dissoute. La dépêche, transmise de Paris à Toulon par le télégraphe, ne disait pas autre chose. C'était assez pour laisser pressentir tout le reste. Alors à l'ébranlement physique provoqué par le climat et le changement de vie dans la santé des hommes vint s'ajouter la force incalculable de l'ébranlement moral. L'ennui, la nostalgie faisaient jour par jour, heure par heure, des progrès redoutables. « Il y a, écrivait à la date du 9 août, et à l'adresse du prince de Polignac, le maréchal de Bourmont encore inaverti, il y a un désir très-général de retourner en France. La rareté des nouvelles contribue à accroître ce désir de quitter l'Afrique. Il se fait sentir dans tous les rangs de l'armée ; les officiers généraux n'en sont pas plus exempts que les autres, et je crois utile de les remplacer presque tous. » Le même jour, le maréchal se décidait à faire partir pour la France son fils aîné, le capitaine Louis de

Bourmont, chargé de présenter au roi les drapeaux algériens, mais surtout de faire cesser, par les plus promptes informations, l'anxiété croissante de l'armée française et de son chef.

A peine le jeune officier était-il en mer que ces informations arrivaient par une autre voie, complètes et foudroyantes. Le 10 août, au point du jour, un bâtiment de commerce entra dans le port. Il avait quitté Marseille le 2, au moment où venaient d'y arriver les détails de la révolution accomplie. Une lettre adressée au juif Jacob Cohen Bacri par un de ses correspondants fut communiquée au maréchal. Quelques heures après il reçut une dépêche télégraphique annonçant que la lieutenance générale du royaume avait été déférée au duc d'Orléans, et qu'un ordre de ce prince enjoignait aux troupes de prendre la cocarde tricolore. Aucune de ces communications n'avait cependant de caractère absolument authentique. Le 11 au matin, le maréchal fit publier un ordre du jour conçu en ces termes : « Des bruits étranges circulent dans l'armée. Le maréchal commandant en chef n'a reçu aucun avis officiel qui puisse les accréditer. Dans tous les cas, la ligne des devoirs de l'armée lui sera tracée par ses serments et la loi fondamentale de l'État. »

Enfin arrivèrent les dépêches officielles. Une lettre du général Gérard, commissaire du gouvernement au département de la guerre, fut remise à M. de Bourmont. Elle était datée du 2 août; elle confirmait tout ce que les communications privées avaient déjà fait connaître. « Informez, y était-il dit, l'armée de ce qui s'est passé, et faites prendre aux troupes la cocarde tricolore. Continuez, de concert avec la marine, les opérations militaires et maritimes commencées ou projetées; maintenez la population du pays dans l'obéissance et le respect des armes françaises. Tout annonce que les relations amicales de la France avec les puissances étrangères ne seront point troublées; veillez néanmoins avec soin sur la conduite des agents étrangers et montrez-vous prêt à faire respecter à tous la position que l'armée française occupe. La position particulière que vous avez choisie, le succès de l'entreprise qui vous a été confiée, l'absence de votre nom au bas des actes qui ont été l'objet de la réprobation universelle, séparent votre cause, Monsieur le maréchal, de celle des ministres auxquels vous avez été associé; mais vous devez sentir qu'une immense responsabilité, une responsabilité toute spéciale pèserait sur vous, si vous permettiez que la moindre hésitation se manifestât parmi les militaires sous vos ordres et pût tendre à compromettre les résultats que la France a le droit d'attendre de l'expédition que vous avez dirigée. »

M. de Bourmont n'en eut pas moins, au premier moment, la pensée d'une tentative de réaction. Le 12 août, il convoqua un grand conseil de guerre; le vice-amiral Duperré refusa d'y assister de sa personne, mais il s'y fit représenter par le contre-amiral Mallet. Le maréchal proposa de laisser 12,000 hommes pour la garde d'Alger, d'embarquer le reste de l'armée, de rejoindre à Toulon la division de réserve, de marcher sur Lyon avec ces troupes et celles qu'on pourrait rallier en chemin et de mettre cette force à la disposition du roi. Pour l'exécution d'un tel projet, l'adhésion de la marine était la condition préalable : elle fut tout de suite et nettement déniée; le vice-amiral Duperré coupa court à toute discussion en faisant déclarer qu'il avait déjà envoyé son adhésion au gouvernement provisoire. A la suite de ce conseil dont les résultats furent bientôt connus, un certain nombre d'officiers, parmi les plus attachés à la dynastie, demandèrent leur réforme ou donnèrent leur démission. Pour M. de Bourmont, la dynastie ne lui paraissait pas encore absolument déchue. Le 16 août, il fit paraître l'ordre du jour suivant : « S. M. le roi Charles X et Mgr le Dauphin ont, le 2 août, renoncé à leurs droits à la couronne en faveur de Mgr le duc de Bordeaux. Le maréchal commandant en chef transmet à l'armée l'acte qui comprend cette double abdication et qui reconnaît Mgr le duc d'Orléans comme lieutenant général du royaume. Conformément aux ordres de Mgr le lieutenant général du royaume, la cocarde et le pavillon tricolores seront substitués à la cocarde et au pavillon blancs. Demain, à huit heures du matin, on arborera le pavillon tricolore. Les drapeaux et étendards des régiments demeureront renfermés dans leurs étuis. Les troupes cesseront de porter la cocarde blanche. »

Le 17 août, à huit heures du matin, au sommet de la Kasbah et sur la grande batterie du Môle, le drapeau blanc fut amené; le drapeau tricolore fut hissé à la place; l'artillerie des vaisseaux, des forts et de la ville salua celui qu'on n'allait plus voir et celui qui reparaissait au jour. Chez tous les spectateurs de cette scène imposante, même chez le plus grand nombre qui adhérait au changement de la dynastie, l'impression fut solennelle. Un soldat, quelle que soit au fond et dans le secret de son cœur, muet par devoir, son inclination politique, ne se sépare pas sans émotion du drapeau sous lequel il a vécu, combattu, triomphé ou souffert. Les débris de Waterloo avaient l'âme déchirée en voyant disparaître l'aigle avec les trois couleurs; les conquérants d'Alger suivirent d'un regard ému le dernier flottement du pavillon qu'ils avaient arboré sur la Kasbah.

Un officier d'état-major, que la maladie avait contraint de quitter la terre d'Afrique, s'était embarqué, le 10 août, à Alger, vaguement informé des premières nouvelles qu'avait apportées ce jour-là même la lettre du correspondant de Bacri. La traversée, contrariée par le vent, fut lente et longue. Le 27 août seulement, il aperçut Marseille, et tout à coup le drapeau tricolore. L'émotion subite qu'il ressentit, lui qui arrivait sous le pavillon blanc, lui a dicté une belle page, digne d'être, à quelques mots près, textuellement reproduite : « Trois mois s'étaient tout au plus écoulés depuis que nous avions vu ce même pavillon flotter en face de ces mêmes rivages, au-dessus de cinq cents navires. Quarante mille hommes étaient alors impatients de l'aller déployer sur le champ de bataille de l'Afrique : aujourd'hui, quelques malades, quelques blessés se traînant péniblement sur le pont de notre frégate, étaient son unique cortége. Aujourd'hui, de tous ceux qui avaient composé cette flotte immense, notre navire était le seul qui l'eût conservé; encore devait-il s'abaisser dès ce soir même pour ne plus se relever le lendemain. On sait qu'à bord des navires de guerre le pavillon est hissé tous les matins au mât de poupe et descendu tous les soirs; manœuvre qui ne s'exécute jamais sans un cérémonial obligé. La garde prend ses rangs, fait face au pavillon, lui présente les armes et le salue d'une salve de mousqueterie. A force d'être journellement et régulièrement répétée, cette cérémonie finit par n'avoir plus, pour ainsi dire, ni sens ni signification; mais il n'en fut pas de même ce jour-là. Au moment où la garde prit les armes, toute conversation cessa sur le pont, un air de sérieuse préoccupation se montra sur les visages, tous les yeux se tournèrent vers le gaillard d'arrière; on sentait qu'il se passait là quelque chose de fatal, d'irrévocable. Je n'étais pas moi-même sans quelque émotion, et lorsqu'au bruit de la mousqueterie, le pavillon descendit le long de la drisse, je me découvris avec autant de respect que j'eusse pu le faire devant le vieux roi[1]. » Dix jours auparavant, les camarades qu'il avait laissés à Alger avaient certainement assisté avec les mêmes sentiments à la même scène.

Pour une armée, un changement de drapeau sera toujours une affaire sérieuse; vouloir lui en imposer un, coûte que coûte, c'est affronter la plus grave des difficultés politiques.

II

Tout en recommandant au maréchal de Bourmont de poursuivre, avec le concours de la marine, les opérations commencées ou projetées, le général Gérard ne lui donnait pas des assurances bien fermes ni précises quant au maintien de la paix générale; il était évident que le nouveau gouvernement n'était pas à cet égard sans quelque préoccupation. Pour cette fois, le chef de la flotte et le chef de l'armée se trouvèrent d'accord. Ils jugèrent qu'au milieu du trouble où la révolution venait de jeter l'Europe et dans l'état d'irritation

---

[1] *Mémoires d'un officier d'état-major,* par le baron Barchou de Penhoen.

où elle avait, à propos d'Alger, trouvé l'Angleterre, il n'était pas prudent de laisser les forces militaires et navales de la France disséminées sur plusieurs points de la côte d'Afrique. Le 15 août, le maréchal écrivait au ministre de la guerre qu'il avait envoyé aux corps détachés à Oran et à Bone des ordres de rappel. L'avis même était parvenu à Oran avant le débarquement du 21ᵉ de ligne; les marins évacuèrent le fort de Mers-el-Kebir dont on fit sauter le front de mer; on offrit au bey Hassan de lui donner passage sur une frégate s'il voulait se retirer à Smyrne; mais il répondit qu'il croyait pouvoir s'accommoder avec les Arabes et qu'il resterait, se considérant toujours comme sujet du roi de France. Le 18, le détachement d'Oran était rentré à Alger.

Ce fut seulement le 25 que le corps expéditionnaire de Bone y fut ramené, après un mois d'absence, après trois semaines de travaux et de combats qui avaient fait le plus grand honneur au général de Damrémont et à sa brigade. Les troupes françaises avaient eu à lutter contre des ennemis nombreux et entreprenants, Kabyles et Arabes, sous les ordres du cheik de la Calle, agent et lieutenant du bey de Constantine. Il y avait longtemps que le bey Ahmed voulait réunir effectivement à son beylik cette ville qui n'en était que nominalement dépendante; mais les habitants maures, qui se défiaient de lui, s'y étaient refusés toujours. Lorsqu'ils virent s'éloigner les Français, qu'ils avaient accueillis au contraire et fidèlement assistés, ils ne témoignèrent que des regrets et promirent au général Damrémont d'employer les cartouches qu'il leur laissait à pousser jusqu'à la dernière extrémité leur défense. Le rembarquement se fit dans la nuit du 20 au 21 août; le lendemain, tandis que la division navale commençait à s'élever en mer, on entendit la fusillade et l'on put entrevoir à travers la fumée du canon la Kasbah de Bone repoussant encore un assaut.

En France, le dernier acte, l'épilogue de la révolution était accompli. Ce n'était plus la régence, c'était la royauté même qui avait été déférée, le 9 août, au duc d'Orléans. Alger en reçut, le 18, la nouvelle; on apprit en même temps que le vice-amiral Duperré avait été fait amiral et que le général Clauzel allait venir prendre le commandement de l'armée. Aucun de ces grands changements n'était officiellement notifié au maréchal de Bourmont. Il pensa que son devoir ne lui permettait pas de se démettre avant l'heure, mais qu'au contraire et jusqu'à ce que son successeur vint le relever de son poste, il y devait demeurer en soldat. Le respect et la parfaite discipline des troupes lui adoucirent d'ailleurs l'amertume de ces derniers jours. L'armée raffermie n'était plus ce qu'on l'avait vue dans une crise d'incertitude avant le dénoûment des affaires de France; tout flottement avait cessé; les corps mêmes, comme les âmes, paraissaient avoir recouvré l'équilibre et repris des forces.

En attendant la guerre générale dont on ne doutait guère, on se tenait en garde, l'œil au guet, l'arme haute, contre le mauvais vouloir croissant des indigènes. Comment n'auraient-ils pas profité des embarras où, sans en comprendre exactement la cause, ils voyaient bien qu'étaient empêchés leurs vainqueurs? Depuis quelque temps, le bey de Titteri avait cessé toute relation directe avec les Français, mais il continuait de correspondre avec le juif Bacri, lequel communiquait d'ailleurs ses lettres au maréchal. Dans l'une d'elles, le bey demandait qu'on lui envoyât de la poudre et des balles. M. de Bourmont lui fit répondre qu'il eût à venir présenter sa demande en personne, et à rendre compte en même temps de l'état de son beylik. Alors jetant le masque, Mustapha bou Mezrag écrivit de Médéah une lettre insolente et menaçante : « Je ne sais pas, disait-il, ce que le général en chef aurait de si intéressant à me dire. Je ne me dérange pas pour peu de chose. J'ai de la poudre et du plomb pour combattre pendant dix ans. Je ne veux pas avoir d'entrevue avec le général en chef, parce qu'il n'a pas bien agi avec la milice turque. Enfin, dans quelques jours, je viendrai le trouver, s'il plaît à Dieu, mais avec deux cent mille hommes, et si le général en chef veut me parler, dites-lui que je le recevrai à Aïn-Erba. Sachez que les armées de l'est et de l'ouest sont à ma disposition. » Déjà Mustapha bou Mezrag se croyait maître de toute la Régence; il agissait en successeur de Hussein; il avait nommé un khaznadj, un aga; il faisait frapper de la monnaie; il affirmait que d'une part le sultan de Maroc l'avait reconnu et que, de l'autre, le sultan de Constantinople l'avait institué dey et pacha. A ses bravades le maréchal répondit : « Je te soupçonnais de manquer de bonne foi, et c'est pour en avoir l'assurance que je t'ai fait écrire. J'aime mieux t'avoir pour ennemi déclaré que pour allié perfide. Je n'ai peur ni de toi ni de tes deux cent mille hommes. Si tu te présentes, tu seras battu, comme tu l'as déjà été. Peut-être les Français iront-ils te chercher avant que tu oses les attaquer. Ils te refouleront dans les montagnes, où les Kabyles te chasseront comme un chien et nous vengeront de ta trahison. Le titre de pacha que tu t'es arrogé insolemment ne saurait te préserver du sort que Dieu réserve à ceux qui trahissent leur foi. »

Cependant les Arabes s'agitaient dans la Métidja; les vivres de la campagne arrivaient difficilement dans la ville; Alger était comme bloqué. Hors de la ligne des avant-postes, il n'y avait plus de sécurité pour les Français. On en eut, le 24 août, une déplorable preuve. Le colonel de Frescheville, du 1er régiment de marche, s'était aventuré, seul avec l'officier payeur, jusqu'au bord de l'Harrach. Au retour, à cinq cents mètres des grand'gardes de la troisième division, ils furent surpris, assassinés et décapités. Leurs corps ne furent retrouvés que le lendemain.

Afin d'exercer en avant de ses positions une surveillance plus efficace et plus active, le maréchal de Bourmont avait eu l'idée de former une troupe d'éclaireurs indigènes; par ses ordres, l'aga Sidi Hamdan avait envoyé des messages en ce sens à diverses tribus arabes et kabyles. En dépit des circonstances qui n'étaient rien moins que favorables, cinq cents de ces éclaireurs étaient déjà réunis à la fin du mois d'août, et parce que beaucoup d'entre eux venaient de la tribu kabyle des *Zaouaoua*, ce fut sous ce nom-là qu'on les confondit tous ensemble. C'est donc au maréchal de Bourmont qu'appartient l'idée première et aux derniers jours de son commandement que remonte l'origine et comme l'embryon des zouaves.

Le 2 septembre, de grand matin, les vigies de la marine signalèrent une voile : c'était un vaisseau de guerre, l'*Algesiras*. Il portait à son bord le nouveau général en chef. Les saluts d'usage furent échangés; vers une heure, le général Clauzel débarqua dans le port. Avant son arrivée à terre, le maréchal de Bourmont, par un ordre du jour court et simple, avait fait ses adieux à l'armée. Le lendemain, il s'éloigna d'elle pour toujours. Il avait demandé d'être conduit à Mahon par un bâtiment de l'État; avec une rigueur que les règlements expliqueraient peut-être, mais qui n'en était pas moins excessive et cruelle, l'amiral Duperré refusa d'y consentir. Ce fut sur un brick de commerce autrichien que le maréchal prit passage, le 3 septembre, à la tombée du jour, avec deux de ses fils. Le général Clauzel fut moins dur que l'amiral Duperré : quand le brick étranger commença à prendre la mer, le canon, par son ordre, salua encore une fois l'ancien commandant en chef de l'armée française.

A la tristesse de ce départ l'heure tardive ajoutait sa lueur mélancolique : bientôt la nuit tomba tout à fait. De tous les points de la côte, le blanc triangle d'Alger fut le dernier à disparaître. M. de Bourmont ne devait plus voir désormais que dans son souvenir la haute Kasbah sur laquelle il avait eu l'honneur de planter, en terre musulmane et berbère, le premier jalon de la civilisation chrétienne et française.

ANNEXES

COMPOSITION DE L'ARMÉE D'AFRIQUE

mai 1830.

ÉTAT-MAJOR GÉNÉRAL.

Commandant en chef: COMTE DE BOURMONT, lieutenant général.

Aides de camp . . . .
- De Trélan, chef de bataillon.
- De Bourmont, capitaine.

Officiers d'ordonnance .
- De Lamyre, capitaine.
- D'Arthel, id.
- De Biencourt, lieutenant.
- De Maillé, id.

Chef d'état-major général : DESPREZ, lieutenant général.

Aides de camp . . . .
- De Montcarville, chef de bataillon.
- Minangoy, capitaine.

Officier d'ordonnance.. Fournier de Trélo, lieutenant.

Sous-chef d'état-major général : THOLOZÉ, maréchal de camp.

Aides de camp. . . . .
- Sol, capitaine.
- Bernard, lieutenant.

Officiers adjoints à l'état-major général. .	Juchereau de Saint-Denys, colonel. Auvray, lieutenant-colonel. De Montlivault, chef de bataillon. Fernel, id. Perrin-Solliers, id. De Ligniville, capitaine. Chapelié, id. Berger de Castelan, id. Pélissier, id. Maussion, id. Tamnay, id.
Officiers à la suite du grand quartier général	De Bartillat, colonel. De Carné, chef de bataillon. Prince de Chalais, sous-lieutenant. De Bellevue, id. De Béthisy, id. Henry de Noailles, id.
Ingénieurs géographes.	Filhon, capitaine. Levret, lieutenant. Rozet, id. Ollivier, id.

ÉTAT-MAJOR DE L'ARTILLERIE.

Commandant de l'artillerie : vicomte DE LA HITTE, maréchal de camp.

Aide de camp. . . . . Maléchard, capitaine.
Officier d'ordonnance.. De Salle, lieutenant.

Chef d'état-major : comte D'Esclaibes, colonel.

Directeur de l'équipage de siége : Eggerlé, lieutenant-colonel.

Officiers adjoints. . . .	De Juvelcourt, chef de bataillon. Admirault, id. Legrand, id. Romestin, id. De Foucault, id.

COMPOSITION DE L'ARMÉE D'AFRIQUE. 275

Officiers adjoints . . . { Mélin; chef de bataillon.
Bousson, id.
De Camain, capitaine.
Legagneur, id.
Bonnet, id.
Labeaume, id.
De Sainte-Foix, id.
Marey, id.

ÉTAT-MAJOR DU GÉNIE.

Commandant du génie : baron VALAZÉ, maréchal de camp.

Aide de camp . . . . . Gay, capitaine.

Chef d'état-major : baron Dupau, lieutenant-colonel.

Directeur du parc : Lemercier, chef de bataillon.

Officiers adjoints . . . { Chambaud, chef de bataillon.
Vaillant, id.
Beurnier, capitaine.
Collas, id.
Gallice, id.
D'Oussières, id.
Gueze, id.
Morin, id.
Duvivier, id.
Gaullier, id.
De Montfort, capitaine.
D'Epremesnil, id.
Chabaud-Latour, id.
Bouessel, id.
Ribot, id.
Foureau, id.
Desessart, id.
Bigot, lieutenant.
De Béville, lieutenant.

18.

Officiers adjoints . . . { De Bouscaren, lieutenant.
Duchatel (Napoléon), lieutenant d'état-major, détaché comme aide-major aux troupes du génie.

ADMINISTRATION.

Intendant en chef : baron DENNIÉE, intendant militaire.

Sous-intendants militaires. . . . . . .
{ Baron de Sermet.
Comte de Fontenay.
Saligny.
Sergent de Champigny.
Lambert.
Orville.
Bruguière.
Chusin.
D'Arnaud.
Charpentier.
Evrard de Saint-Jean.
Behaghel.
Frosté.

Adjoints à l'intendance { De Limoges.
Barbier.
Raynal.
Dubois.
Merle.

SUBSISTANCES MILITAIRES.

Directeurs. . . . . . . { De L'Isle-Ferme.
Breidt.

HABILLEMENT ET CAMPEMENT.

Inspecteur chef de service : Lasserre.

SERVICE DE SANTÉ ET DES HOPITAUX.

Médecin en chef.	Roux.
Médecin principal	Stephanopoli.
Chirurgien en chef.	Maurichan-Beaupré.
Chirurgien principal	Trastono.
Pharmacien en chef	Charpentier.
Pharmacien principal	Juving.
Officier d'administration en chef. . . .	Michel.
Officier d'administration principal . . .	Biles.

TRANSPORTS ET ÉQUIPAGES MILITAIRES.

Seguret, chef d'escadron.

SERVICE DES POSTES ET DU TRÉSOR.

Payeur général : Firino.

FORCE PUBLIQUE.

Prevôt : De Neuilly, lieutenant-colonel.
    Goranflaux de La Giraudière, capitaine.
    Dupouy de Bonnegarde, lieutenant.
    De Cayla,   id.
    Allard,   id.
    Babut,   id.
    Le Chevalier d'Espinay,   id.

TROUPES.

PREMIÈRE DIVISION.

Commandant : baron BERTHEZENE, lieutenant général

Aides de camp . . . . . { Létier, capitaine.
{ Barchou de Penhoën, capitaine.

Officier d'ordonnance . Crevel, capitaine.

Chef d'état-major : De Brossard, colonel.

Reveux, chef de bataillon.
Rivière, capitaine.
Guillot-Duhamel, capitaine.
Destabenrath,   id.

Première brigade.

Baron PORET DE MORVAN, maréchal de camp.

Aide de camp . . . . . . Bauquet, capitaine.
Officier d'ordonnance.. Cerfbeer, sous-lieutenant.

1ᵉʳ régiment de marche d'infanterie légère. . . . .
{ 2ᵉ léger. { De Frescheville, colonel.
{   { D'Orsanne, lieutenant-colonel.
{ 4ᵉ léger. { Bonnet d'Honières, chef de bat.
{   { Cousin, chef de bataillon.

3ᵉ de ligne. . . . . . .
{ Roussel, colonel.
{ De L'Aubespin, lieutenant-colonel.
{ Delaveau, chef de bataillon.
{ Menne,   id.

Deuxième brigade.

Baron ACHARD, maréchal de camp.

Aide de camp . . . . . Rospice, capitaine.
Officier d'ordonnance.. Cardon de Laplace, lieutenant.

14ᵉ de ligne.......	Vicomte d'Armaillé, colonel. Petit d'Hauterive, lieutenant-colonel. De Montgelas, chef de bataillon. Gasquet, id.
37ᵉ de ligne......	De Feuchères, colonel. Lamarque, lieutenant-colonel. Ducrock, chef de bataillon. Trémeaux, id.

Troisième brigade.

Baron CLOUET, maréchal de camp.

Aide de camp.....	Senilhes, capitaine.
Officier d'ordonnance..	Béarn, lieutenant.
20ᵉ de ligne.......	Horric de La Motte, colonel. Horric de Beaucaire, lieutenant-colonel. Goupel, chef de bataillon. Barbette, id.
28ᵉ de ligne......	Mounier, colonel. De Mutrecy, lieutenant-colonel. De La Bigue, chef de bataillon. Chalmeton, id.

DEUXIÈME DIVISION.

Commandant : comte DE LOVERDO, lieutenant général.

Aides de camp.....	Courcenet, chef de bataillon. Dubreton, capitaine.
Officier d'ordonnance..	De Poilloue de Saint-Mars, capitaine.

Chef d'état-major : Jacobi, colonel.

Aupick, chef de bataillon.
Perrot, capitaine.
Conrad, id.
Fynard, id.

Première brigade.

Comte DENYS DE DAMRÉMONT, maréchal de camp.

Aide de camp . . . . . Foy, capitaine.
Officier d'ordonnance.. De Vogüé, sous-lieutenant.

6ᵉ de ligne. . . . . . .
- De La Villegille, colonel.
- Boullé, lieutenant-colonel.
- Carcenac, chef de bataillon.
- De La Voyerie, id.

49ᵉ de ligne. . . . . .
- Magnan, colonel.
- Ferrand de Sendricourt, lieut.-colonel.
- Apschie, chef de bataillon.
- Buart, id.

Deuxième brigade.

Vicomte MONK D'UZER, maréchal de camp.

Aide de camp . . . . . Sicard, lieutenant.
Officier d'ordonnance.. Riban, capitaine.

15ᵉ de ligne. . . . . .
- Mangin, colonel.
- Duris, lieutenant-colonel.
- Laurent, chef de bataillon.
- Allain, id.

48ᵉ de ligne. . . . . .
- De Léridant, colonel.
- Le Fol, lieutenant-colonel.
- Blanchard, chef de bataillon.
- Marcelle, id.

Troisième brigade.

COLLOMB D'ARCINE, maréchal de camp.

Aide de camp . . . . . Gottschick, capitaine.
Officier d'ordonnance.. De Fezensac, sous-lieutenant.

21ᵉ de ligne. . . . . . { Goutefrey, colonel.
Auxcousteaux, lieutenant-colonel.
Lugnot, chef de bataillon.
Petitjean, id.

29ᵉ de ligne. . . . . . { De Lachau, colonel.
Dupuy-Melgueil, lieutenant-colonel.
De Lachau, chef de bataillon.
Tardieu, id.

TROISIÈME DIVISION.

Commandant : DUC DES CARS, lieutenant général.

Aides de camp. . . . . { Borne, chef de bataillon.
De Surmeau, capitaine.

Officier d'ordonnance.. De Lorges, capitaine.

Chef d'état-major : Baron Petiet, colonel.

Girard, chef de bataillon.
Boyer, capitaine.
De Labouère, capitaine.
De Lavedrine, id.

Première brigade.

Vicomte BERTIER DE SAUVIGNY, maréchal de camp.

Aide de camp. . . . . Lecarron dit Fleury, capitaine.
Officier d'ordonnance.. De Bertier, lieutenant.

2ᵉ régiment de marche d'infanterie légère. . { 1ᵉʳ léger. { De Neucheze, colonel.
Baraguey d'Hilliers, lieut.-col.
9ᵉ léger. { Brunet de Lagrange, chef de bat.
Kléber, chef de bataillon.

35ᵉ de ligne. . . . . . { Rullière, colonel.
Jolyet, lieutenant-colonel.
Ballon, chef de bataillon.
Lapeyre, id.

Deuxième brigade.

Baron Hurel, maréchal de camp.

Aide de camp. . . . . Delmotte, capitaine.
Officier d'ordonnance.. Curial, sous-lieutenant.

17ᵉ de ligne. . . . . .
- Duprat, colonel.
- Hermann, lieutenant-colonel.
- Escande, chef de bataillon.
- Gallimardet, id.

30ᵉ de ligne. . . . . .
- Ocher de Beaupré, colonel.
- Dalbenas, lieutenant-colonel.
- Daguzan, chef de bataillon.
- Revest, id.

Troisième brigade.

Comte De Montlivault, maréchal de camp.

Aide de camp. . . . . Le Barbier de Tinan, capitaine.
Officier d'ordonnance.. De Rougé, sous-lieutenant.

23ᵉ de ligne. . . . . .
- De Montboissier, colonel.
- Guillemeau de Freval, lieutenant-colonel.
- Rognat, chef de bataillon.
- Wilhelm, id.

34ᵉ de ligne. . . . . .
- De Roucy, colonel.
- Hureau de Sorbée, lieutenant-colonel.
- Corbin, chef de bataillon.
- Winterheld, id.

CAVALERIE.

Régiment de marche.. { 13ᵉ chasseurs. / 17ᵉ chasseurs. } Bontemps du Barry, col.

ARTILLERIE.

Batteries de campagne. { Quatre batteries montées.
{ Une batterie de montagne.

Équipage de siége .... { Dix batteries à pied.
{ Une compagnie de pontonniers.
{ Une compagnie d'ouvriers.
{ Une compagnie du train des parcs.

GÉNIE.

Deux compagnies de mineurs.
Six compagnies de sapeurs.
Une demi-compagnie du train du génie.

TRAIN DES ÉQUIPAGES.

Quatre compagnies.
Un cadre de compagnie.

II

COMPOSITION DE L'ARMÉE NAVALE

mai 1830.

BATIMENTS DE GUERRE.

Vaisseaux de 74 armés en guerre.

Provence, monté par le vice-amiral baron DUPERRÉ . . . . } Villaret de Joyeuse, capitaine de vaisseau.

Trident, monté par le contre-amiral DE ROSAMEL . . . . . . } Casy, capitaine de frégate.

Breslaw . . . . Maillard-Liscourt, capitaine de vaisseau.

Vaisseaux armés en flûte.

Duquesne . . . . Bazoche, capitaine de vaisseau.
Algésiras . . . . Ponée,   id.
Ville de Marseille . . Robert,   id.
Scipion . . . . Emeric,   id.
Nestor . . . . Latreyte,   id.
Marengo . . . . Duplessis-Pascau, id.
Superbe . . . . Cuvillier,   id.
Couronne . . . . De Rossy,   id.

Frégates de 1er rang armées en guerre.

Guerrière . . . . Rabaudy, capitaine de vaisseau.
Amphitrite . . . . . Serée,   id.
Pallas . . . . Forsanz,   id.

Iphigénie. . . . . Christy-Pallière, capitaine de vaisseau.
Didon. . . . . Villeneuve-Bargemon, id.
Surveillante. . . . . . Trotel, id.
Belle Gabrielle. . . Laurent de Choisy, id.
Herminie. . . . . Leblanc, id.

Frégates de 2ᵉ rang armées en guerre.

Sirène. . . . . Massieu de Clerval, capitaine de vaisseau.
Melpomène. . . . . . Lamarche, id.
Jeanne d'Arc. . . . . Lettré, id.
Vénus. . . . . Russel, id.
Marie-Thérèse . . . Billard, id.
Artémise. . . . . Cosmao-Dumanoir, id.

Frégates de 3ᵉ rang armées en guerre.

Circé. . . . . Rigodit, capitaine de vaisseau.
Duchesse de Berry. . Kerdrain, id.
Bellone. . . . . Gallois, id.

Frégates armées en flûte.

Proserpine. . . . . . . De Reversaux, capitaine de vaisseau.
Cybèle. . . . . De Robillard, id.
Thémis. . . . . Legoarand, id.
Téthys. . . . . Lemoine, id.
Médée. . . . . Duplantys, id.
Aréthuse. . . . . De Moges, id.
Magicienne. . . . . . Bégué, id.

Corvettes de 20 canons.

Créole, montée par le capitaine de vaisseau baron Hugon, commandant de la flottille } De Perronne, cap. de frég.
Écho. . . . . Graël, capitaine de frégate.
Bayonnaise. . . . . . Ferrin, id.
Orithye. . . . . Luneau, id.

Victorieuse . . . . Guérin des Essarts, capitaine de frégate.
Cornélie. . . . . Savy de Mondiol, id
Perle . . . . . . Villeneau, capitaine de vaisseau.

Bricks de 20 canons.

Actéon . . . . Hamelin, capitaine de frégate.
Adonis . . . . Huguet, id.
Cuirassier . . . . . Larouvraye, id.
Voltigeur . . . . . . Ropert, id.
Hussard . . . . . . Thoulon, id.
Dragon . . . . Leblanc, id.
Alerte . . . . Nerciat, id.
D'Assas . . . . . . Pujol, id.
Du Couëdic . . . . Gay de Taradel, id.
Cygne . . . . Longet, id.
Griffon . . . . Dupetit-Thouars, id.
Endymion . . . . . Nonay, lieutenant de vaisseau.
Alacrity . . . . . . Lainé, capitaine de frégate.
Alcibiade . . . . . . Garnier, id.

Bricks de 10 canons et au-dessous.

Zèbre . . . . Leferec, capitaine de frégate.
Silène . . . . Bruat, lieutenant de vaisseau.
Aventure . . . . . D'Assigny, id.
Rusé . . . . Jouglas, capitaine de frégate.
Comète . . . . Ricard, lieutenant de vaisseau.
Cigogne . . . . . . Barbier, id.
Badine . . . . Guindet, id.
Lézard . . . . Herpin de Frémont, lieutenant de vaisseau.
Euryale . . . . . . Parseval, capitaine de frégate.
Faune . . . . Coubitte, id.
Capricieuse . . . . Brindejonc, lieutenant de vaisseau.
Lynx . . . . Armand, id.

Canonnière-brick.

Alsacienne. . . . . . . Hanet-Cléry, lieutenant de vaisseau.

Corvettes de charge.

Bonite . . . . Parnajon, capitaine de frégate
Adour. . . . . Lemaître,   id.
Rhône . . . . Febvrier-Despointes, lieut. de vaisseau.
Tarn. . . . . Fleurine-Lagarde, capitaine de frégate:
Dordogne. . . . . Mathieu,   id.
Caravane. . . . . . Denis,   id.
Libyo. . . . . Costé,   id.

Gabares.

Vigogne . . . . De Sercey, lieutenant de vaisseau.
Robuste. . . . . . . Delassaux,   id.
Bayonnais . . . . . Lefebvre d'Abancourt, lieut. de vaisseau.
Chameau. . . . . . Coudein,   id.
Garonne . . . . . . Aubry de Lanoë,   id.
Lamproie. . . . . . Dusault,   id.
Truite. . . . . Miegeville,   id.
Marsouin. . . . . . De Forget,   id.
Astrolabe. . . . . . Verninhac,   id.

Bombardes.

Vésuve . . . . Mallet, lieutenant de vaisseau.
Hécla. . . . . Ollivier,   id.
Volcan . . . . Brait,   id.
Cyclope. . . . . . . Texier,   id.
Vulcain. . . . . . . Baudin,   id.
Achéron. . . . . . . Lévêque,   id.
Finistère . . . . . . Rolland,   id.
Dore. . . . . Long,   id.

Goëlettes.

Daphné.........	Robert Dubreuil, lieutenant de vaisseau
Iris....	Guérin, id

Transport.

Désirée........   Daunac, chef de timonerie.

Balancelle.

Africaine.......   Lautier, chef de timonerie.

Bateaux à vapeur.

Pélican........	Janvier, lieutenant de vaisseau.	
Souffleur.......	Grandjean de Fouchy, lieut. de vaisseau.	
Nageur........	Louvrier,	id.
Sphinx........	Sarlat,	id.
Coureur	Lugeol,	id.
Rapide........	Gatier,	id.
Ville du Havre....	Turicault,	id.

BATIMENTS DE COMMERCE.

Transports affrétés par le Gouvernement	347
Bateaux de divers types composant la flottille de débarquement.................	140
Chalands et bateaux à fond plat...	85

Total des batiments de guerre et de commerce 676

TABLE

CHAPITRE PREMIER

L'INSULTE

I. L'odjak. — Les derniers deys. — Hussein. — Turcs. — Arabes. — Kabyles. — II. Griefs de l'Europe contre Alger. — Griefs particuliers de la France. — Créances Bacri. — III. Le consul Deval insulté par le dey. — Demande de réparation. 1

CHAPITRE II

LE BLOCUS

I. Le blocus jugé bientôt insuffisant. — Mémoire de Boutin. — Rapport du marquis de Clermont-Tonnerre. — II. Essais de conciliation. — Outrage au pavillon parlementaire. 35

CHAPITRE III

LES ARMEMENTS

I. Le comte de Bourmont et le baron d'Haussez. — Essai d'intervention de Mehemet-Ali. — L'expédition est décidée. — Le vice-amiral Duperré. — Composition de l'armée expéditionnaire. — II. Discussion diplomatique avec l'Angleterre. — Négociation à Tunis. 61

CHAPITRE IV

L'EXPÉDITION

I. Activité de la marine. — Ardeur de l'armée. — Embarquement. — Départ. — II. Péripéties de la traversée. — Relâche à Palma. — Sidi-Ferruch. 93

CHAPITRE V

STAOUELI

I. Débarquement. — Premiers combats. — II. Bataille de Staouëli. 119

CHAPITRE VI

SIDI-KHALEF

I. Combats de Sidi-Khalef et de Dely-Ibrahim. — II. Bivouac de Chapelle et Fontaine. — Agressions des Turcs. — Marche en avant. — Erreur de direction. 161

CHAPITRE VII

SULTAN KALASSI

I. Le château de l'Empereur. — Ouverture de la tranchée. — Démonstration navale. — II. — Ouverture du feu. — Explosion du château de l'Empereur. — Capitulation d'Alger. 193

CHAPITRE VIII

ALGER ET BLIDA

I. Entrée dans Alger. — Le trésor. — La Kasbah. — La ville. — II. Entrevues du comte de Bourmont et de Hussein. — Départ du dey et d'une partie des Turcs. — Les beys. — Le bey de Titteri. — Expédition de Blida. 223

CHAPITRE IX

LENDEMAIN D'UN TRIOMPHE

I. Effet de la prise d'Alger en France. — Expulsion des derniers Turcs. — Occupation d'Oran et de 'Bone. — Nouvelles de la révolution de Juillet. — Changement de drapeau. — II. Rappel des détachements d'Oran et de Bone. — Insolence du bey de Titteri. — Premier germe des zouaves. — Arrivée du général Clauzel. — Départ du maréchal de Bourmont. 253

ANNEXES

I. Composition de l'armée d'Afrique. 273
II. Composition de l'armée navale. 284

DU MÊME AUTEUR

Histoire de Louvois.

Correspondance de Louis XV et du maréchal de Noailles.

Le Comte de Gisors.

Les Volontaires.

La Grande Armée de 1813.

Histoire de la guerre de Crimée.

www.ingramcontent.com/pod-product-compliance
Lightning Source LLC
Chambersburg PA
CBHW070744170426
43200CB00007B/647